중요무형문화재 제18호
동래야류

문화재청에서는 국가에서 지정한 중요무형문화재의 원형을 보존·계승하기 위하여 기록 영화를 촬영함과 동시에 관련 서책을 발간하는 기록화 사업을 추진하고 있다. 곧 영화가 영상에 의한 시각적인 지식을 기록하는 반면, 책자는 역사적 변천 과정과 현존하는 전통 기법을 서술함으로써 상호 보완적인 기록물이 후세에 전해지도록 기획한 것이다.

중요무형문화재 제 18호
동래야류

글 · 김경남 사진 · 이봉선

화산
문화

머리말

「중요무형문화재 제18호 동래야류」는 동래의 지리적·역사적 배경 속에서 형성된 동래야류를 구성, 양식, 전승 현황을 중심으로 다룬 책이다.

낙동강 동쪽 지역 동래 구읍을 중심으로 수영, 부산진 등지에 분포된 가면극을 중심으로 행하는 민속놀이를 현지에서는 '들놀음' 또는 '야류'라고 한다. 동래야류는 농경 풍요제의의 뿌리를 두고 발달하였다. 이 가면극은 음력 정초에 지신밟기를 하는 데서부터 시작된다. 풍물잽이와 갖가지 탈을 쓴 잡색(雜色)들이 집집을 돌며 지신밟기를 하여 행사에 쓸 비용을 마련한다. 그리고 준비가 갖추어지면 정월 14일 저녁에 성대한 길놀이를 하고 탈놀이 판에 도착하여 등불을 밝히고 놀음놀이와 풍물놀이를 하고 밤이 깊어지면 탈놀이를 시작했다. 그리고 이튿날 대보름에는 줄다리기가 성대하게 벌어졌다. 동래야류는 이처럼 마을 공동체 대동놀음의 성격을 온전히 지니고 발달한 부산 지역 특유의 탈놀이라 할 것이다.

동래야류는 길놀이·탈놀이·뒷놀이로 구성되어 있다. 그 가운데 탈놀이는 현재까지 전승되는 중요한 전통 문화의 정수이다. 탈놀이의 과장은 4과장으로 문둥이 과장, 양반 과장, 영노 과장, 할미·영감 과장이 그것이다. 문둥이 과장은 대사가 없는 무언극이다. 양반에 대한 간접적인 저항 의식을 몸짓과 춤으로 담아 내고 있다. 이 과장은 경남 지역 가면극에서만 볼 수 있는 과장이다. 양반 과장은 민중들의 의식이 선명하게 드러나는 과장이다. 특히 양반들의 초라한 자기 비하 현상과

억세고 강한 이미지의 말뚝이를 통한 양반들에 대한 신랄한 풍자와 저항 의식은 동래야류의 압권이다. 영노 과장 또한 상상의 동물인 영노를 통하여 양반에 대한 응징의 사신으로 등장시켜 양반 거세의 민중 저항 의식을 담아 내고 있다. 그리고 할미·영감 과장에서는 양반들의 부도덕한 삶을 폭로하고 풍자·비판하는 기능을 보여주면서 해학의 기능 또한 충실히 보여주고 있다.

  동래야류는 경남 지역 가면극의 특색과 함께 지역 전통 문화를 함께 엿볼 수 있는 동래 특유의 가면극이다. 이렇듯 놀이 속에 녹아 있는 선조들의 질박한 향기가 오롯이 담겨져 있는 우리의 소중한 문화 유산이다. 이 책은 이러한 소중한 우리의 전통 문화를 올바르게 보존하고 계승하기 위하여 기록화하고자 한 작업의 일환이다.

  모쪼록 이러한 기록을 통하여 우리 문화의 올바른 계승 발전과 그리고 새로운 전통 문화의 가치 창조는 우리 모두가 함께 할 일이다.

2000년 12월 25일
김경남

차례

머리말 · 4

1 동래의 개관 · 9

2 동래야류의 역사적 배경 · 11

3 동래야류의 유래와 형성 · 30
    1. 유래와 형성 · 30
    2. 연희 시기와 연희 장소 · 37

4 동래야류의 구성 · 40
    1. 길놀이 · 42
    2. 탈놀이 · 62
    3. 뒷놀이 · 115

5 동래야류의 양식 · 121
    1. 가면 · 의상 · 도구 · 121
    2. 무용 · 138
    3. 음악 · 139

4. 과장별(科場別) 춤사위 · 141
   5. 춤의 특징 · 156

6 동래야류의 전승 현황 · 159

7 동래야류 연희본 · 162
   1. 송석하 본(本) · 162
   2. 천재동 본(本) · 171

   동래야류 의상 · 206
   옛탈 · 216
   국립민속박물관 소장 탈 · 217
   참고 문헌 · 222

1 동래의 개관

　동래는 삼한시대 변진 독로국이었으며 한때 거칠산국(居漆山國)의 치소(治所)로서 신라에 병합되면서 거칠산국으로 되었다가 신라 경덕왕 16년(757) 지방 행정 제도를 개혁할 때 동래군으로 개칭되어 오늘에 이르고 있다. 동래라 함은 동쪽의 내산을 말하는 것으로 이는 신선이 산다는 봉래산(蓬萊山)의 약칭으로 풀이되고 있다.

　동래군의 군치(郡治)는 원래 수영(水營) 부근이었으나 고려 때 잦은 왜구의 침략으로 현재의 동래읍 자리로 성을 옮겼다.

　고려 현종 6년(1021) 동래현으로 되었다가 조선 태조 6년(1397) 동래진이 되었으며, 명종 2년(1547) 국방과 대일(對日) 외교의 중요성을 인정하여 도호부(都護府)로 승격되어 당상관(當上官) 정3품 문관(文官)이 목민관(牧民官)으로 부임하였다. 그 뒤 임진왜란 최초의 패전지라는 이유로 일시적으로 현으로 격하되었다가 선조 32년(1599) 다시 도호부로 승격되었다.

　1914년 부제(府制)의 실시로 동래부는 부산부와 분리되어 부산부에

1920년대 동래 읍성(현 수민동, 복산동 일대).

속하지 않는 지역과 기장군 일대를 관할 구역으로 하는 동래군으로 되었다가 1942년 부산부에 편입되어 동래 출장소로 개편되었다. 1957년 구청제의 실시로 동래 출장소에서 동래구로 직제를 개편하였으며, 1975년 관할 구역 가운데 수영, 망미, 민락, 광안동이 남구로 편입되었다. 1980년 구역을 분할하여 해운대구로 나누었고, 1988년 다시 금정구와 분구하였으며, 1995년 연제구와 분구하여 오늘에 이른다.

2 동래야류의 역사적 배경

 탈은 인류 생활사의 아득한 초기 단계에서부터 나타났으며, 그 의미와 기능 또한 다양하다. 단지 얼굴을 덮을 뿐만 아니라 본래의 얼굴과는 다른 인물, 동물 혹은 초자연적 존재 등을 표현하는 가장성(假裝性)을 가진다는 점에서 탈은 인간의 개별성, 유한성, 일회성을 넘어 스스로를 다른 것으로 전이, 확장, 은폐하는 데 긴요한 도구가 될 수 있다.
 세계의 원시·민속 가면은 여러 가지로 분류되는데, 한국 민속 가면과 관련해 이를 정리해 보면 먼저 가면을 신앙 가면과 예능 가면으로 대별하고 신앙 가면에는 벽사 가면, 예술 가면, 영혼 가면, 그리고 신(神)의 존재를 나타내기 위한 신성 가면을 들 수 있고, 사자 숭배(死者崇拜)에서 망자(亡者)를 본뜬 추억 가면(追憶假面), 토테미즘에서 각종 토템 동물에 분장하기 위한 토템 가면과 그밖에 기우 가면(祈雨假面) 등을 들 수 있다.
 실용적 동기에서 보면 가면은 수렵 가면과 전쟁 가면이 있다. 이 가면들도 그 주술성(呪術性)으로 하여 신앙 가면 속에 분류할 수 있을 것이다. 그리고 예능 가면에는 무용 가면과 연극 가면을 들 수 있다.

 탈놀이에 쓰이는 탈은 이중에서 예능 가면인 무용·연극 가면에 해당한다고 할 수 있다. 그렇다고 해서 이것이 신앙 가면 또는 제의 가면과 별개의 가면이라고 하기는 어렵고, 여러 종류의 신앙 가면에 해당한다고 할 수 있다. 이러한 신앙 가면을 사용한 고대의 제의(祭儀) 자체가 초자연적 목적을 달성하기 위한 연극적 제의였으며, 연극은 그 발생 및 성장기에 있어서 이러한 제의성을 강하게 동반한 제의적 연극으로 성립하였기 때문이다. '굿'이라는 우리 말이 한편으로는 제의를 뜻하면서 다른 측면으로는 '볼 만한 구경거리'를 뜻한다는 것은 주목할 만하다.

 우리 나라의 탈놀이는 제의적 맥락 가운데에서 그 희극성이 뚜렷하여 축제의 성격이 강하게 내포되어 있다. 또한 『삼국유사』의 처용무가(處容巫歌)나 우리 나라 각지의 탈놀이에 공통적으로 보이는 '미얄마당' 또는 '할미마당' 등은 희극적인 연출 속에 비극성을 뚜렷이 지니고 있기도 하다.

 이러한 사항에도 불구하고 조선 후기 이래 탈놀이의 전승은 그 사회가 지닌 문화적 위상이나 연극적 의미에 있어서 축제적 속성이 지배적이다. 고려시대에 와서 벽사 제의의 한 요소로 자리잡은 뒤 조선시대에 전승된 처용무가 나중에 궁중 연희의 가무로까지 변화된 것이나 탈놀이 속의 비극적 요소가 희극적 주도 속에 녹아 있는 사실 들에서도 이러한 추이를 짐작할 수 있다.

 전반적으로 탈놀이를 이해하고자 할 때 탈놀이의 기원에 대하여 살펴보는 것이 그중 중요한 일이다. 우리 나라 탈놀이의 기원에 관하여 다음의 세 가지 설이 일반적이다.

① 산대희 기원설(山臺戲起源說)

궁중의 나례(儺禮)와 산대잡희(山臺雜戲)에서 산대잡극이 나오고 다시 서울 근교의 산대놀이, 해서(海西)의 탈춤 등 산대극으로 이전했다는 설.

② 기악 기원설(伎樂起源說)

백제 사람 미마지(味摩之)가 중국 오(吳)나라에서 배웠다가 일본에까지 전수한 기악이 현전하는 산대놀이, 탈춤의 기원이 되었다는 설.

③ 제의 기원설(祭儀起源說)

탈놀이의 기원을 연극적 제의로부터 구하는 설. 논자에 따라 원시제전(原始祭典) 기원설, 농악굿(서낭굿) 기원설, 무당굿 기원설로 다시 나뉜다.

이 가운데 제의 기원설이 가장 유력하고 설득력 있는 기원설로 주목받고 있다. 생산의 풍요로움을 기원하는 원시 농업 풍요 제의, 그리고 마을의 안녕과 번영을 기원하는 마을굿 등이 목표하는 것은 바로 제의를 통한 자연신과 인간의 화합이며, 그것은 인간 집단 내부의 화합과 결속의 의미를 동시에 지니고 있다. 우리 나라의 탈놀이가 농업 생산의 풍요를 비는 제의에서 출발하여 여러 양상으로 존속한다는 점을 말하는 것이다.

우리 나라 가면극에 관한 문헌은 적어서 정확한 발생 연도는 알기 어렵다. 진수의 『삼국지』「위지 동이전」에 의하면 부여의 영고, 고구려의 동맹, 예의 무천 등은 농경 시기의 제천 의식에 있어서 부족의 국중 대회적 행사로 여러 날 밤낮으로 음주 가무하였다는 기록이 있다.

그때 가면을 사용하였는지는 알 수 없으나, 어느 민족이든 간에 가면은 고대 원시 종교적 성격을 지니고 있으며, 앞의 국중 대회가 제정일

치적 기능을 가진 연중 행사라 할 때, 연극의 기원이 신과 직결된 공연적 무용이라 한다면, 아마도 가면으로 분장한 가무도 있었으리라 추측할 수도 있다.

가면극의 기원에 대하여 조동일 교수는 "가면극의 기원은 부락굿이라고 할 수 있다." 라 하고, 마을 제의의 한 유형인 농악대가 하는 행사가 바로 가면극의 기원이라 하였으니, 앞의 영고, 동맹, 무천 등에서 이루어지던 가무가 마을굿의 성격을 가진 것으로 보아 타당하다 하겠다.

삼국시대에도 가면놀이가 있었다. 『삼국사기』 권 32 「악조」에 보면 우륵의 12곡 중 제8곡 사자기는 바로 사자무이다. 우륵은 신라 진흥왕 (540-575) 때 사람이니 사자춤이 6세기에 행하여졌음을 알 수 있다.

수나라, 당나라 기악에 고구려의 무악이 고려기라 하여 들어 있고, 백제의 기악도 오나라에서 전하여 7세기에는 일본에 전파한 사실은, 1233년에 필사한 일본의 음악 서적인 『교훈초』 권 4 「기악조」에 일본의 기악이 백제인 미마지가 가져온 무악이라 하였다. 또 1955년에 편찬한 일본의 연극 사전에도 기악은 고대의 외래 예능이며 서기 612년 백제인 미마지가 귀화하여 일본에 전한 것이라는 기록이 있다.

통일신라시대에는 가면극이 더욱 성행하였다. 검무와 처용무의 기록이 『삼국사기』에 보이며, 최치원의 『향약잡영』 중의 대면은 구나례 가면무이며 산예는 사자무이다. 또 가배나 팔관회에서 행한 가무백희의 종목에도 탈놀음이 들어 있었을 것으로 믿어진다.

고려시대는 신라에서 전승된 팔관회라든가 연등회, 나례에서 연행된 가무백희가 성행되는 가운데, 이른바 산대잡극이 성립되었고, 교방가무희도 정리되었다. 특기할 것은 고려 중기에 제작되었다고 할 수 있는 목가면이 경북 하회에 남아 있을 뿐만 아니라 하회 별신굿놀이는 고려

이래 현재까지 전래되고 있는 것을 볼 때, 고대 부족 국가의 제정일치적 국중 대회가 소규모의 마을 제의로 축소되었음을 짐작하게 한다.

조선시대에도 산대잡극과 나례희가 계속되어, 이른바 규식지희와 광대소학지희에 배태되었던 무용이 가면 무극으로, 인형놀음이 인형극으로, 창이 판소리로 분할되었다고 하겠다.

그런데, 인조(仁祖, 1623~1649)조에 산대, 나례 등의 도감에서 관장하던 국가적 행사인 공의가 쇠퇴하기 시작하였으므로, 도감에 예속되어 있던 광대 재인들은 생계의 위협을 받게 됨으로써, 공연의 전속 연예인으로서의 역할보다는 지방으로 순회하면서 생활비를 벌지 않을 수 없게 되었다. 그리하여, 현종 때에는 금령이 내려진 바 있고, 영조 이후는 광대들이 지방에 정착되었을 것으로 추측된다.

이에 관하여 송석하는 「한국가면의 연혁과 계통」이란 글에서 "경비 관계로 인조조 이후로는 도감산대는 폐지되고 오로지 민간에서만 흥행하게 되었으며…"라 하였고, 「양재연의 산대희에 취하여」란 논문에서 산대도감극은 이조 중엽 영조 이후 산대희가 정폐 뒤 형성된 것으로 보고 있다.

이밖에 한국 민속 가면극이 조선시대에 성행되었던 산대도감극에 그 모태를 삼은 학자가 많다. 김동욱은 "산대도감 계통의 가면희는 공통된 배종 – 나례잡희, 광대소학지희에서 분화한 민속극인 것은 확실하다"라고 하였으며, 이두현은 현존 민속 가면극은 산대도감 계통극의 것이라 단정하고 있다.

그러면, 현전되고 있는 동래 들놀음은 과연 언제부터 있었을까? 이에 대한 문헌이나 방증 자료는 전혀 없고, 다만 동래 지방의 고로(古老)들 가운데 들놀음에 출연한 경력이 있는 분이나 관람한 사람의 증

동래야류 공연(동래 민속관 소장 사진).

언에 의하여 추정하는 도리밖에 없다. 지금까지 조사, 연구한 바로는 지금으로부터 약 130년 전으로 소급된다고 보고 있다. 그러나 앞서 고찰한 하회 별신굿놀이나 백제인 미마지의 일본 전파 등은 현재 전하는 한국 민속 가면극의 연원을 삼한시대로 소급할 수 있다고 보아도 지나침은 없을 것이다.

삼한의 습속을 기록한 『삼국지』 「위지 동이전」에 의하면, 삼한 사람들은 농업이 주된 생활 수단이었으므로 씨를 뿌리고 난 5월에는 온 부족이 모여 신에게 제사를 지내고 가무와 음주로 밤낮을 쉬지 않고 즐겁게 놀았으며, 추수를 마친 10월에도 그리하였다. 또 악기가 발달하여 가무도 수십 명이 함께 장단에 맞추어 추었다고 하였다. 삼한은 주로 호남과 영남 지방이었으니 이 지역에 민속 예술이 발달하였음을 보여 주는 사례의 하나이다.

앞에서 언급한 하회 별신굿놀이는 부여나 고구려, 예, 삼한 등에서 부족 차원의 대규모 제천 의식이 부락 단위의 소규모 마을 제의로 전승되었음이 분명하고, 하회가 진한에 위치했던 것을 보면 민속 가면극의 유래는 삼한시대로 올라갈 수 있다.

백제인 미마지가 오나라에서 배운 기악을 일본에 전파한 연대가 612년이고 보면, 백제가 멸망하기 반세기 전이니, 백제에 가면극이 있었음은 분명하거니와 오늘날 전래되고 있는 양주 산대도감놀이와 봉산 탈춤 내용과 미마지가 전파한 일본의 기악이 구성에 있어 거의 동일함을 보이고 있어, 이미 7세기 이전에 우리 나라 민속 가면극이 있었음을 알 수 있다.

이혜구 교수는 「산대극과 기악」이란 글에서 「교훈초」에 실린 기악을 우리의 양주 산대극과 봉산탈춤을 비교함에 있어서, 일본 기악의 '치도'를 우리의 '고사와 상좌무 과장'에, '오공'을 '연잎과 눈꿈적이 과장'에, '가루라, 금강'을 '먹중 과장'에, '바라문'을 '당무 과장'에, '곤륜'을 '노장 과장'에, '역사'를 '취발이 과장'에, '대고'를 '미얄 할미 과장'에, '취호'를 '양반 과장'에, '무덕악'을 무당 넋두리와 다리굿에 대비하여 내용을 설명하였다.

한편, 일본의 나라 박물관에 소장한 목가면 중 '취호종'은 서기 752년에 동대사의 상(相) 이어성이 만든 것이며, 대불개안회소용이라고 그 용도를 설명하고 있는데, 이어성은 아마도 백제인이 아닌가 생각되므로 백제의 기예는 상당한 수준에 올랐던 것으로 추측된다.

그런데 통일신라시대의 가무 백희나 고려와 조선 중엽까지 산대잡극의 내용 속에 현재 민속 가면극의 모태가 될 만한 기록을 찾아볼 수 없어 가면희의 계통과 연혁을 자세히 알 길은 없다. 다만 산대도감 계통의 잡극 속에 배태 전승되던 것이 공적 행사였던 산대잡극이 중단된 조선 영조 이후 각 지방에 토착된 것이 아닐까 추정할 따름인데, 가면극의 내용과 특성으로 보아 중부와 해서 지방에서 경남 지방으로 전파된 듯하다.

동래는 『삼국사기』 권 44 「거도열전」에 의하면 신라 제4대 탈해 이사금(57~79) 때에는 거칠산국이라 기록되어 있는데, 일명 장산국 또는 내산국이라고도 하였고, 신라가 병합하고 제35대 경덕왕 15년에 동래군으로 개칭되었다. 고려 이후 조선 말까지 현, 부의 교체는 있었으나, 군사 및 외교의 중요한 고을로 전통을 이어온 고장이며, 삼한의 변진 남단의 지역이므로, 하회의 별신굿이나 백제의 기악 같은 탈놀음이 옛부터 전승되었음직하지만, 아무 기록이 없으므로, 구전해 내려오던 자료를 정리함으로써 그 유래를 찾을 수 있을 것이다.

오광대와 들놀음의 전파에 대하여 고찰한 몇 가지를 비교 종합하여 보기로 하자.

① 송석하의 「오광대소고」(조선민속 제1호, 1933년 간행)라는 논문 중 오광대의 유래를 설명하는 대목에서,

"오광대를 직접 포태하여 분만한 것은 초계 밤마리(현 합천군 덕곡면 율지리)의 '대광대'임은 사실이라고 할 수 있다. 좌수영(동래군), 부산 동래, 김해 창원(마산), 통영의 오광대급 야유(야류라고 칭) 이입 계통이 모두 초계에서 원류를 시작하였다."

라 전제하고, 1933년을 기점으로 전파된 연대를 명시하고 있다.

좌수영은 약 60년 전에 초계에 가서 있던 수영 사람이 보고 와서 창

설한 것이며(동래군 좌수영 최창복 씨 구술), 동래읍은 수영 것을 본받아 약 60년 전에 시작한 것이고(동래군 읍내 이홍욱 씨 구술), 부산에서는 약 40년 전에 동래, 수영의 가면을 모방하여 시행했다고 하였다(부산진 백종기 씨 외 구술).

김해의 오광대는 약 40년 전에 동래 것을 참고하여 시작하였고, 창원은 약 40년 전에 초계 대광대에게 배운 것이며, 통영은 약 30년 전에 창원의 가면극에 의하여 만든 것이라 하였다. 그리고 진주는 약 50년 전에 의령군 부림면 신반리 대광대에 의하여 창설되었다고 하여 그 전파 과정을 도시하고 있다.

이 조사 보고에서 고성, 가산, 거제 오광대가 누락되어 있어 세밀한 조사가 완료되지 않았음을 알겠으나, 오광대, 야류의 전파 연대와 과정을 짐작하게 된다. 그리고 초계 율지대광대, 의령 신반광대, 하동 목골사당, 남해 화방사 매구를 열거하면서 그 상호 관계 연구의 필요성을 시사하고 나서, "'대광대'라는 것은 일종의 곡예사로서 높은 죽간상에서 재주를 하는 것을 지칭하는 것인데, 그 곡예에 부속하여 가면극도 하여 온 것"이라 언급하여 대광대 패 가면극의 성격을 설명하고 있다.

② 문화재관리국 무형문화재 조사 보고서 제15호는 1965년 12월에 최상수 교수가 동래야류를 지정하기 위한 조사 자료로서 「야류, 오광대 가면극의 형성과 전파」라는 항목에서 동래 들놀음의 유래에 대하여 언급하고 있다.

오광대와 야류의 발상지를 송석하 씨와 마찬가지로 '밤마을'로 보고 있다.

'밤마을은 지리적으로 경상도의 중심지가 되는 동시에 남한의 대강인 낙동강의 동강 중류에 위치하고 있어 지금은 보잘것없는 한촌에 지나지 않지만, 육로 교통의 기관이 발달되지 않았던 과거에는 경상도는 말할 것도 없고 전라도까지 장사의 범위가 뻗힌 교통의 요로에 해당하였으며 특히 대마의 집산지였다…"

그리하여 큰 장터가 되었고 관원들도 지역 발전을 위하여 각종 오락적 흥행물에 대하여는 장려하였으므로 각지의 흥행 단체가 많이 모인 중에서 가장 인기를 집중한 것이 대광대 패였으니, 이 대광대 패는 초계에서의 공연 이외에 가까운 신반, 진주, 마산, 수영 등지에서 순회 공연도 하였으므로 그 영향이 경남, 부산 일대에 미치게 되었던 것이다.

대광대 패가 밤마을에서 생계를 해결할 수 있는 입지적 조건은 앞에서 설명이 되었거니와 이들이 밤마을에 언제쯤부터 정착했는가에 대하여는 정확하게 알 수 없으나 최상수는 다음과 같이 말했다.

"본조 인조 12년 윤팔월 이후에는 (숙종 때를 제외하고는) 궁중에서 매년 행하던 동계의 나례와 국가의 공용 행사 때에 거행되었던 산대잡희는 공의로는 폐지되었다. 그러자 당시 나례도감에 예속되어 이러한 행사 등에 종사하면서 궁중에서 미두 등을 지급받아 생계를 이어왔던 나자(儺者)들은 이로 인하여 아무 것도 지급을 받을 수 없으며…"

이 글에서 인조 12년 이후 공의 폐지라고 했으나, 곡예패가 밤마을에 언제쯤 들어왔는지는 알 수 없다고 하더라도, 그들은 생계를 유지하기 위하여 관중을 매혹할 만한 여러 종류의 공연물이 필요했을 것이다. 그 내용을 최상수는 다음과 같이 기록하고 있다.

가. 농악의 무동놀이
나. 죽방울 받기
다. 장대놀이
라. 탈놀음

가~다는 관중을 동원하는 수단이고 탈놀음이 주종목인 것이다. 이 때 탈놀음의 순서는 다음과 같다.

가. 오방신장무
나. 중춤
다. 양반과장(오양반과 말뚝이)
라. 영노
마. 할미, 영감
바. 사자무

이로 보면 오광대·야류의 과장 중에서 문둥이 과장이 없을 뿐이다. 그렇다면 현행 오광대와 야류가 초계 계통의 탈놀음과 비슷한 것이었음을 알 수 있다. 다음으로 전파에 대하여 살펴보면, 첫째, 밤마을 대광대 패 공연을 보고 시작하는 경우, 둘째, 대광대 패가 각 지방으로 순회공연 때 배워서 시작하는 경우, 셋째, 이미 시작한 지방끼리의 전파를 들고 각 지역의 전파 과정을 명시하였다.

수영은 90년 전에 초계 대광대 패가 수영에 순회 공연왔을 때 본받아 배운 것이라는 설과, 150년 전에 수영 수사가 초계의 대광대 패가 유명하다는 말을 듣고 그들을 데려다가 영문 안에서 탈놀음 구경을 시켰는데, 그때 부하들이 이를 보고 배워 시작했다는 설이 있다(동래 윤재호, 수영 정순일, 조두봉 씨 구술).

동래는 90년 전에 수영 것을 보고 시작한 것이며(동래 윤재호 씨 구술), 부산진은 70년 전에 동래와 수영에서 하는 것을 보고 시작한 것이다(부산진 유진수, 동래 윤재호 씨 구술).

김해(가락)의 것은 동래와 초계의 것을 본받아 한 것이며, 진주는 60년 전에 초계 대광대 패가 진주에 와서 공연하는 것을 보고 시작한 것이며, 일설에는 신반 대광대 패의 진주 공연을 보고 시작하였다고도 한다. 마산은 60년 전에 초계 대광대 패가 마산 장터에서 노는 것을 보고 배운 것이며, 통영은 50여 년 전에 마산 것을 보고 시작하였고, 고성은 50여 년 전에 통영 것을 보고 시작한 것인데, 일설에는 100년 전에 정초경이라는 사람이 처음 시작한 것이라고도 한다. 거제는 35년 전에 녹단사 사우가 통영 것을 그대로 본받은 것이라 하고, 그 전파 경로를 도시하였다.

③ 이두현 교수도 1979년에 간행한 저서 『한국의 가면』에서 오광대와 야류의 유래를 설명하는 항목에서 발상지를 '밤마리'로 삼고 있다.

"오광대 및 야류는 경남 일대에 분포된 산대도감 계통극의 영남형이라 할 수 있으며, 그 발상지는 낙동강변인 초계 밤마리(경남 합천군 덕곡면 율지리)라고 일러 온다.

밤마리 현지의 고로들의 증언을 종합하여 보면 1909년(을유년)에 대화재가 있어 그때에 전래하던 오동나무 가면이 소실되었으나 오광대놀이는 한일합방 당시까지 성행되었으며 그후 제2차로 가면을 제작하여 1920년대까지 놀았고 각지에 초빙받아 다니기도 하였으나 그후 제2차 가면도 다시 소실되었다고 한다."

 이로 보면, 초계 밤마리 장터의 직업 연예인들인 대광대 패가 1920년 대까지 놀았음을 알겠으나, 그 대광대 패가 밤마을에 언제쯤 초계에 들어왔는지는 알 길이 없다. 다만 오광대·야류가 산대도감 계통극이라 한다면, 초계 대광대 패의 탈놀음은 산대놀이의 예인들일 것임을 알 수 있을 것이다.
 그리고, 밤마리가 항포구로서 큰 시장이었으므로 인근 지역 거상들이 모여 대광대 패에게 비용을 주어 며칠씩 놀게 한 곳이라 하고, 이러한 지역적 조건을 타지역과 비교함으로써 밤마리에 대광대 패가 존재할 당위성을 강조하고 있다.

 "황해도 탈춤은 5일장이 서는 거의 모든 장터와 남북 직로에 자리잡은 주요한 읍들에서 성행되었고, 양주 별산대놀이의 고장인 양주 구읍도 서울로 들어오는 북로의 관문이었으며, 송파 산대놀이가 남아오는 송파도 과거 남로로 하여 서울로 들어오는 관문일 뿐더러 서울에의 신탄과 잎담배 가공 및 그 공급지로서, 또 마 행상이 성하던 고장이었다. 이와 같은 경제, 지리적 여건에서 직업적인 가면 연희자들은 상인들의 후원을 받았고…"

 동래 들놀음은 오광대와 같은 계통의 민속 가면극으로서 산대도감 계통극을 전수한 직업적 연예단인 초계의 대광대 패를 모태로 한 것으로, 지금부터 약 130여 년 전 초계에서 전수한 수영야류를 본받아 형성된 가면극이라고 하였다. 이를 다시 경남 지역 가면극의 분포와 갈래를 나누어 살펴보자.

민속 가면극이 행해지던 지방으로 지금까지 학계에 알려진 곳은 다음과 같다.

① 산대놀이 : 서울 녹번동, 서울 아현동, 서울 노량진, 서울 퇴계원, 서울 사직골, 양주 구읍, 서울 송파 등지.
② 해서탈춤 : 봉산, 해주, 강령, 은율, 광주, 안악, 재령, 신천, 장연, 송화, 기린, 신원, 서흥, 신막, 평산, 옹진, 송림, 추화, 금산, 연백 등지.
③ 오광대 : 합천 율지, 의령 신반, 통영(충무), 고성, 사천 가산, 보주, 마산, 산청, 김해 가락, 창원 진동, 거제 등지.
④ 들놀음 : 수영, 동래 구읍, 부산진 등지.
⑤ 별신굿놀이 : 안동 하회, 안동 병산, 영양 주곡 등지.
⑥ 관노탈놀이 : 강릉 등지.
⑦ 사자탈놀음 : 북청 등지.

이 이외에 전문적인 유랑 예인 집단인 남사당패의 가면극인 '덧뵈기'가 학계에 보고되었다.

가면극을 극의 계통으로 구분하여 ①~④를 산대도감 계통극이라 하고, ⑤는 이와 계통을 달리하는 것이라 하기도 한다. 그리고 분포 지역의 성격과 형성의 배경을 기준으로 ①~④를 도시적 성격을 띤 고을에서 상인이나 이속이 공연한 것이라 하여 도시 가면극, ⑤를 농촌 가면극이라 명명하면서, ⑥의 강릉 관노탈놀이는 서낭제 계통의 탈놀이라 하고, ⑦의 북청 사자탈놀음은 사자무 위주의 민속놀이에 불과하므로 가면극에서 제외하는 견해도 있다. 그리고 큰 지역으로 나누어 서부의 '탈춤' 군, 중부의 '산대놀이' 군, 남부의 '별신굿', '오광대', '야류' 군으로 분류하기도 한다.

　대체로 보아 이런 갈래는 연희자와 주민이 그 지방에서 놀이되는 가면극을 부르는 이름이 같은 것끼리 묶어서 분류한 것이다. 그런데, 같은 이름으로 불리는 가면극이 한 도(道) 안에만 분포되어 있고, 도 경계를 넘어서 놀이되지 않았다는 사실을 알 수 있다. 즉 서울 및 경기도에는 산대놀이, 황해도에는 탈춤, 경상북도에는 별신굿놀이, 이렇게 한 도 내에 한 가지 명칭의 가면극만 분포되어 있다. 그래서 한국 가면극을 분류할 때에 한 도에 분포되어 있는 동일한 명칭의 가면극을 묶어서 갈래지을 수 있다. 물론 더 세분하여 ① 산대놀이의 경우도 그 계통과 전반 관계로 보아서 서울 녹번동, 아현동, 노량진, 퇴계원, 사직골의 경우는 본산대놀이, 양주 구읍, 서울 송파에서는 별산대놀이라고 부르기도 하며, ② 해서탈춤의 경우도 봉산, 은율을 비롯한 광주, 안악, 재령, 신천, 장연, 송화 등 서쪽 평야 지대 탈춤과 시린, 신원, 서흥, 신막 등 동남쪽 평야 지대 탈춤과 해주, 강녕을 비롯한 옹진, 송림, 추화, 금산, 연백 등 해안 지대 탈춤으로 삼분하기도 하고, 이것을 크게 봉산탈춤 형과 해주탈춤 형의 두 부류로 이분하기도 한다.

　위에 보인 바와 같이 다른 지방은 한 도내에 같은 명칭의 가면극이 분포되어 있어서 갈래를 짓는 데에 별다른 문제가 생기지 않지만, 경상남도에는 오광대와 들놀음이라는 각기 다른 명칭의 놀이가 분포되어 있어서 갈래를 짓는 데에 문제가 된다. 논자에 따라서는 오광대와 들놀음이 같은 도내에 분포되어 있고, 극 내용이 비슷하다는 점을 들어서 한 유형으로 보기도 하였다. 그러나 이와는 달리 오광대와 들놀음의 서로 다른 점을 들어서 그 놀이의 명칭에 따라 두 가지 유형으로 볼 수도 있을 것이다.

한국 민속 가면극의 본격적인 조사 연구는 1930년대 이후에 이루어졌으므로 과거에 놀이했던 전승지도 다 확인된 것이 아니고, 근년에까지 전승된 가면극도 모두 조사된 것이 아니다. 경남 지방에서도 가면극이 더 발견될 가능성이 있다. 경남 지방의 가면극 분포상을 살피기 전에, 앞에 열거한 분포지 이외에 최근에 발견되어서 아직 학계에 보고하지 아니한 경남 지방 민속 가면극의 전승지 네 곳을 보충 자료로서 제시한다.

① 경상남도 진주시 하대동 : 이 마을은 과거 진양군 도동면 면 소재지로 진주오광대와 비슷한 오광대를 놀았다고 한다. 이 마을의 오광대를 '도동오광대'라 부르기도 한다.

② 경상남도 사천군 서포면 서구리 : 이 마을에서 오광대를 놀았다고 하는데, 사천군 유동면 가산리의 가산 오광대의 파로 보였다. 이 마을의 오광대를 '서구오광대'라 부르고자 한다.

③ 경상남도 사천군 서포면 남구리 : 서구 오광대가 폐지되자 이 마을에서 그 가면을 가져와서 같은 놀이를 하였다고 한다. 이 마을의 가면극을 '남구오광대'라 부르기로 한다.

④ 경상남도 거제군 둔덕면 학산리 : 이 마을에서 오광대를 놀았다고 하는데, 통영 오광대의 분파로 추측되었다. 이 마을의 오광대를 '학산오광대'라 부르기로 한다.

경남 지방에 오광대와 들놀음이 섞여서 분포되어 같은 명칭의 놀이끼리 지역을 묶을 수 없다면, 그 분포상은 두 놀이를 양분하는 데 의미를 부여하지 못한다. 그러나 오광대와 들놀음의 분포지들이 산이나 강 같은 자연적 구획이나 행정 구획 같은 인위적 구획을 기준으로 나누어져 있다면, 그 분포상은 두 놀이를 양분하는 데 중요한 의미를 가진다.

왜냐 하면 두 관점에서 보면 낙동강을 경계로 서편 지역에 오광대가 분포되어 있고, 동편 지역에 들놀음이 분포되어 있음이 주목된다.

그런데, 송석하는 구전 자료를 정리하여, "左水營은 約六十年前에, 草溪에 가셔 잇든 水營 사람이, 보고 와셔 創設한 것이며…金海의 五廣大는 約四十年前에, 東萊 것을 參考하야 始作하얏고…"라고 경남 지방의 가면극 전반 관계를 기록하였다. 이 자료를 피상적으로 해석하면 경남 지방에 같은 종류의 가면극이 전파되었다고 할 수 있으나, 자세히 분석해 보면 수영 사람들이 초계 밤마리의 오광대를 보고 놀이를 시작하였다고 하면서 그 이름을 밤마리와 같이 오광대라 하지 않고 들놀음이라고 다르게 부르고, 김해 가락 사람들이 동래의 들놀음을 본받아 놀이를 시작하였다고 하면서 그 이름을 동래와 같이 들놀음이라 하지 않고 오광대라고 다르게 붙인 점이다.

서쪽의 오광대라도 낙동강을 건너서 동쪽에 오면 들놀음으로 그 이름이 바뀌고, 동쪽의 들놀음이 낙동강을 건너서 서쪽 지역으로 가기만 하면 오광대가 된다는 것은 납득하기 어렵다. 같은 놀이가 지역이 달라져서 우연히 이름이 바뀐 것으로 해석할 수는 없다. 그러므로 두 놀이의 지역적 배경에 따른 형성 조건이 달라서 주민이 그 놀이를 다르게 인식하였으므로 놀이의 이름도 각기 다르게 불렀을 것이라고 보아야 할 것이다.

그러면 낙동강을 구획선으로 한 오광대의 분포지인 서편 지역과 들놀음의 분포지인 동편 지역이 서로 어떻게 다른 지역성을 지녔는가 살펴보기로 한다. 일반적으로 산령, 강, 대도시를 기준으로 행정 구획을 긋는데, 그중 역사상 가장 오랫동안 경상도 내의 행정 구분의 기준이 된 것은 낙동강이라 한다. 현재로서는 낙동강 동편 지역과 서편 지역의 문화의 상이성을 연구한 것을 찾기 어렵지만, 건너기 힘든 큰 강이라는 자연적 조건과 그것을 기준으로 오랫동안 행정 구분을 한 인위적 조건은 두 지역 문화의 상이성을 조성할 가능성이 충분히 있다고 여겨진다.

낙동강이 행정 구획선의 기준이 된 것은 조선조에 경상도를 좌·우도로 나눈 때부터다. 중종 14년(1519)에 이분하여 낙동강 이동을 좌도라 하고, 이서를 우도라 하여 각각 관찰사를 두었다. 지도도 편의상 이도로 나누었지만 정식으로 두 관찰사를 둔 곳은 경상도뿐이었다. 그러나 그 해에 다시 한 도로 합하였다. 그리고 선조 25년(1592)에 왜란으로 도로가 불통하므로 다시 이분하여 좌도는 경주, 우도는 상주에 설영하였다가 다음 해에 다시 합하였고, 28년에 또 이분하였다가 다음 해에 복원하여 조선 말에 이르렀다. 고종 33년(1896)에 13도로 나눌 때 비로소 현재처럼 경상남도와 경상북도로 양분되었다.

이처럼 제도상으로 좌·우도를 나눈 것은 16세기의 일이지만, 18세기 영조 때 이중환의 『택리지』 경상도조에 좌·우도로 나뉘어져 있고, 좌·우도의 지리적, 인문적인 특성을 기술하고 있는 것을 보면, 고종 때에 남·북도로 나누기 전까지 계속하여 낙동강을 기준으로 한 경상좌도와 경상우도를 인식하고 있었던 것 같다.

문화 전반의 통로는 길이라고 할 수 있다. 이런 점에서 조선조 후기의 경상도를 도로망을 보면, 경상좌·우도의 간선이 달라서 두 지역 문화의 분화를 짐작할 수 있다. 서울을 중심으로 사방 긴요한 구대로(九大路)를 정하였는데, 경상도에 있는 사로는 경상좌도의 간선이고, 오로(五路)와 육로(六路)는 경상좌도의 간선이라고 할 수 있다. 특히 사로와 오로가 유곡역에서 갈라져서 낙동강을 사이에 두고 동편 유역과 서편 유역에 평행하게 놓여 있었다.

위의 세 간선 이외에 수많은 지선이 있어 좌도와 우도를 내왕하는 것이 타도와 내왕하는 것보다는 많았을 것이다. 그러나 낙동강이라는 큰 강이 있어서 경상좌도 사람끼리 내왕하고 경상우도 사람끼리 내왕하는 것보다는 빈번하지 않았을 것이다. 이 같은 왕래는 동일한 경상도 문화라도 좌·우도로 그 특색을 다르게 조성하게 할 여건이 되었던 것이다.

이처럼 지역성이 서로 다른 경상좌·우도라는 지역적 배경에서 발달하였기 때문에 두 지역의 가면극이 하나는 들놀음으로 불리게 되었고, 다른 하나는 오광대로 불리게 되었을 뿐만 아니라 놀이의 성격도 차이가 나게 되었을 것이다. 이런 점을 감안하면 오광대와 들놀음을 각기 다른 유형의 가면극으로 분류하는 것이 타당할 것이다.

이처럼 낙동강이 경상도의 가면극을 분화시키는 기획선만 된 것이 아니라, 이두현이 "낙동강 상류에 하회동의 별신굿놀이와 중류인 율지의 오광대, 하류인 가락의 오광대, 그리고 해로의 수영까지의 분포 사이의 맥락을 생각할 수 있다."고 한 것처럼 낙동강을 중심으로 가면극 전파의 맥락도 생각할 수 있다는 점이다.

3 동래야류의 유래와 형성

1. 유래와 형성

　동래야류는 농경풍요제의(農耕豊饒祭儀)의 뿌리를 두고 발달하였다. 그것은 낙동강 동쪽 지역의 수영(水營), 부산진(釜山鎭) 등지에 분포된 들놀음 모두가 음력 정초에 지신밟기를 하는 데서부터 시작된다.
　풍물잽이와 갖가지 탈을 쓴 잡색(雜色)들이 집집을 돌며 지신밟기를 하여 행사에 쓸 비용을 마련하는 것이다. 그리고 준비가 갖추어지면 정월 14일 저녁에 큰 규모의 길놀이를 하고 탈놀이판에 도착하여 등을 밝혀 갖가지 놀음놀이와 풍물놀이를 한 다음 밤이 으슥해서 탈놀이를 시작했다고 한다.
　그리고 이튿날인 대보름에는 줄땡기기(줄다리기)가 성대하게 벌어졌다. 이처럼 동래야류는 마을의 공동체 대동놀음의 구조와 성격이 강하며 농경기인 봄맞이 대축제인 정월 대보름을 전후하여 이루어진 것은 농경 의례에서 발달한 놀이라고 할 수 있다.

1920년대 동래 장날 주변 골목시장 풍경.

낙동강 동쪽 지역인 동래 구읍(東萊舊邑)·수영·부산진 등지에 분포된 가면극을 중심으로 행하는 민속놀이를 현지에서는 '들놀음' 또는 '야류'라고 부른다. 현재 동래에서는 '들놀음'을, 수영에서는 '야류'라는 용어를 주민들이 자주 쓰고 있다. 동래에서도 노년층과 부녀자들 사이에는 '들놀음'이란 이름으로 쓰고, 유식층과 젊은층에서는 '야류'란 이름을 주로 사용하고 있다. 1930년대에 송석하(宋錫夏)가 '들놀음(野遊)', '野遊라고 稱'하고 기록한 것을 비롯하여 현재 이 두 표기가 보편적으로 쓰이고 있다.

또한 '野遊'의 한자 동음어인 冶遊, 夜遊, 揶揄 등으로 표기하기도 하지만 이런 표기는 소위 민간 어원설에 의한 유추일 것이라 판단된다. 국어인 '들놀음'이란 명칭이 원래 이름이고 그 한자 의역어로 '野遊'라는 이름이 생겼을 것이다.

'들놀음'이란 용어는 가면극을 중심으로 행하는 민속놀이의 명칭으로 오랜 세월 동안 고정되어 사용한 것 같다. 왜냐 하면, 이 명칭은 동래에서 다른 놀이에 전용하는 일이 없기 때문이다.

동일한 명사 조어의 기능을 가진 접미사 '-음'과 '-이'가 붙는 말인 '들놀음'과 '들놀이'를 현재에서 구별하여 사용하고 있다. 즉 '들놀음'은 가면극을 중심으로 행하는 민속놀이를 가리키고, '들놀이'는 봄과 가을에 야외에서 놀러나가는 행사를 가리키는 데 쓰고 있다. 그런데 과거에는 '들놀음'이란 명칭의 유래를 '넓은 들에서 노는 놀음'에서 왔다고 보았다.

동래 온천동의 서낭당.

· 舍廊遊(사랑놀음), 園遊(마당놀음), 野遊(들놀음), 山遊(산놀음)의 야유인 것이 확실한 것은 즉, 동래읍에서는 영민동 논바닥에서, 수영에서는 너른 마당에서 각각 거행하여 온 까닭이다.
· 넓은 들에서 얼굴에 탈을 쓰고 노는 놀음.

위의 인용문을 검토하면, '넓은 들'이란 탈춤놀이 연희 장소를 뜻하는 것인데, 그 개념은 탈춤놀이판이 '넓은 들 가운데' 있다는 것으로 해석되고 '넓은 장소'로도 해석된다.

그런데, '들놀음'이라는 행사에서 노는 탈춤놀이의 연희 장소는 넓은 들 가운데가 아니고, 고을 가운데 혹은 고을 주변의 사람이 많이 모이는 넓은 터였다. 인용문 가운데 수영에서 놀았다는 '너른 마당'이란 고을 가운데 시장터였으며 동래에서 놀았다는 영민동 논바닥도 고을 가운데 있는 농한기(農閑期) 공지(空地)로서 논을 가리키는 말이다. 들놀음의 탈춤놀이를 동래는 패문루(牌門樓) 앞마당(현 동래시장 앞)에서 많이 놀았고, 부산진은 네거리 광장에서 놀았다고 한다. 이런 점으로 보면 '들놀음'의 '들'을 '넓은 들판 가운데'라고 해석하여서는 '들놀음'의 실상에 맞지 않게 된다.

그리고 '들놀음'의 '들'을 탈춤놀이를 하는 '넓은 장소'로 본다면 이것은 들놀음만의 특성이 되는 것이 아니고 야외극인 모든 한국 민속 가면극의 공통적인 성격이 된다. 들놀음과 가까운 거리에 있는 오광대(五廣大)를 예로 들면, 가락은 죽림리 광장 또는 나루터, 진주는 봉곡동 논바닥 또는 남강 백사장, 곡성은 장터 또는 밤내 시냇가 등 대개 넓은 장소에서 놀이를 하였다.

'들놀음'의 '들'의 개념을 위의 견해와 달리 경남 지방 사람들이 일

동래지신밟기.

동래지신밟기 공연.

상적으로 쓰는 '들' 이란 말을 통하여 살펴볼 수 있을 것이다.

· 들일(주로 '농사일' 이란 뜻으로 씀)
· 들에 간다(주로 '논에 간다' 는 뜻으로 씀)
· 들농사(주로 '벼농사' 란 뜻으로 씀)
마실에 있으래? 산에 갈래? 들에 갈래?('마을에 있으려느냐? 산에 가려느냐? 논에 가려느냐?' 하는 뜻으로 씀)

이 용어를 보면 '들' 이란 말은 마을이나 산과 대립되는 개념으로 농경의 장소 주로 벼농사를 짓는 논을 뜻하는 것임을 알 수 있다.
'들놀음' 의 '들' 을 이처럼 농경의 장소로 본다면, '들' 을 현재 고을 가운데 탈춤놀이를 하는 연희 장소와 연관을 짓는 것보다 '들놀음' 이란 행사가 시작되는 서두에 행하는 길놀이의 출발 장소를 두고 검토하는 것이 타당할 것이다. 길놀이를 동래는 세구교, 범어교, 염창 마당(현 안락동), 만년대(현 동래중학교 교정), 말바우골(현 온천 2동) 등에서 출발하여 고을 가운데로 들어왔고, 수영은 1km쯤 떨어져 있는 수영교에서 출발하여 고을 가운데 시장터로 들어왔다고 하니 오히려 길놀이 출발 장소가 '들' 가운데 있는 셈이다.

결과적으로 '들놀음'의 '들'은 단순한 넓은 장소를 뜻한다기보다 농경의 장소를 뜻한다고 보면, '들놀음'이란 명칭은 단순히 넓은 곳에서 놀던 놀이란 뜻에서 유래되었다고 하기보다 농경의 장소에 행하던 농경 의례에서 유례되었다고 보는 것이다.

동래야류와 가장 밀접한 관계가 있는 민속놀이는 지신밟기이다. 가가호호 지신을 밟아 주고 받은 곡식과 돈을 가면극의 경비로 충당하고 정초부터 하던 지신밟기를 보름날 마무리하면서 가면극을 공연하고 지신밟기를 한 사람들 중에서 특히 음악과 춤에 능한 사람들이 가면극에 참여한다. 지신밟기의 잡색놀이가 가면극의 일부와 유사한 점 등을 고려하면 가면극과 밀접한 관계가 있음을 시사한다.

지신밟기에 쓰던 농악을 그대로 가면극의 반주 악기로 사용하는데 그 장단은 주로 굿거리 장단이다. 이 장단에 따라서 주고 덧배기춤을 춘다. 덧배기춤은 경남 지방 향토 무용의 범칭이지만, 이것도 어원적으로 신에게 더 뚜렷하게 보이기 위한 춤, 덧나는 것을 베어 버리는 춤 등의 해석이 가능하여 그 근원을 제의적인 것에 두고 있다. 이러한 주민들의 음악과 무용의 바탕과 그리고 덧배기춤을 가면극의 등장 인물의 성격과 행위에 따라 분화시킬 수 있는 능력이 동래야류의 형성에 필수 불가결한 요건이 되었을 것이다.

또한 마을굿의 전반적인 절차가 비교적 많이 남아 있어서 농경 의례에서 나온 놀이임을 뒷받침해 주고 있다.

이러한 토착적 가면놀이가 다시 동래의 지역적인 특성, 다시 말하면 관원, 관노, 아전을 비롯해서 크게 상업지로서의 발전을 보게 된 후에는 새로 등장하게 되는 신흥 상인 세력의 입김이 크게 작용하던 곳으로 가면극 자체가 변화를 맞이하여 여타의 가면극(특히 오광대계통의 가면극)의 영향을 받으면서 세속화, 오락화되는 과정을 거쳐 오늘에 이르렀다 하겠다.

그러므로 동래야류는 경남 지역 특유의 고을형 토착 가면극으로 농경 제의(農耕祭儀)의 농악대굿에 뿌리를 두고 발달한 것이다.

2. 연희 시기와 연희 장소

1) 연희 시기

우리 나라 가면극의 연희 시기는 대체로 정초, 정월대보름, 4월 초파일, 단오, 추석 등 고루 분포된다. 대체적으로 황해도를 중심으로 하는 해서(海西)탈춤은 단오절이 많고, 중부 지역의 산대놀이군은 단오와 추석 그리고 남부 지역의 별신굿탈놀이, 오광대, 들놀음군에서는 정월 대보름이 그 연희 시기가 된다.

동래야류는 정월 대보름을 전후하여 이루어졌다. 그것은 유동성을 가진 것이다. 왜냐 하면 동래에는 예전부터 큰 줄다리기가 유명한데 이 줄다리기와의 관계성 때문이다.

예를 들어 줄다리기를 13일 시작하면 15일에 끝마치게 되어 있어 줄

1920년대 동래 줄다리기.   동래 장날 주변 공터의 민속놀이 공연.

다리기에서 승리한 편이 동래야류의 가면극을 주관하여 15일에 연희를 할 수 있기 때문이다. 또한 줄다리기가 15일 날에 시작하면 17일 날 탈놀음을 하게 되는 것이다.

그리고 때에 따라서는 15일에 탈놀이를 먼저 하고 줄을 당기는 경우도 있었다고 한다. 그러므로 동래야류의 연희 시기는 음력 정월 대보름을 전후한 세시풍속과 밀접한 연관성을 지니고 있다고 할 것이다.

2) 연희 장소

동래야류의 놀이판을 시장터 넓은 마당이나 타작 마당 혹은 시냇가 등에서 놀았으며 주로 동래시장 앞 네거리 패문루 일면 미곡시장에서 놀았다고 한다. 지금은 주로 보존협회 놀이마당이 놀이 장소로 되어 있다.

놀이판은 별다른 무대 장치가 없이 마당 한가운데 7~8m의 긴 장대를 세우고 그 꼭대기에 대나무, 소나무 가지 또는 깃발을 꽂아 두었으며 길놀이 때 사용했던 용등, 봉등, 거북등 같은 큰 등을 달고 거기에서부터 사방으로 새끼줄을 여러 줄로 늘어뜨려 원추형을 만들었다. 그 새끼줄에는 길놀이 때 사용했던 작은 초롱등을 매달았다고 한다. 이때 초롱등은 간소하게 만들고 촛불을 켰다고 한다. 그리고 놀이판은 노천에다 등불과 모닥불, 횃불로 밝히고 원형놀이판 형태로 원을 따라 경계선을 쳐서 연희장과 관중석을 구분하였다.

이 놀이판 옆에 방이 없는 경우에는 임시로 개복청(改服廳)을 설치했다. 개복청이란 극장의 무대 뒤에 설치되는 의상 및 소도구실에 해당되는 준비실이 되는 셈이다. 탈놀음에 참가하는 사람들의 분장을 공개하지 않게 하는 방법이기도 하였으므로 외인의 출입이 통제되었다.

이러한 놀이판은 열린 공간으로서의 활용이 가능하여 탈놀음이 끝나면 관중과 함께 어울려 한바탕 질펀하게 놀 수 있는 기능을 했다고 하겠다. 이렇게 동래야류는 동래 사람들의 자발적 참여 의지로 이루어지는 훌륭한 전통 축제로서 지역 주민의 화합과 공동체적 의식을 계승하여 오늘에 이르게 되었다.

4 동래야류의 구성

동래야류의 놀이 과정을 정리하면 다음과 같다.

① 정초에 지신밟기를 하여 이때에 얻은 전곡(錢穀)으로 들놀음의 경비를 충당한다.
② 한편 탈과 등을 만든다
③ 길놀이와 탈춤놀이의 배치와 배역을 정한다.
④ 한편 덧배기춤 놀이와 탈춤놀이를 한 장소인 광장에 긴 장대를 세우고 거기에 매단 새끼줄을 사방팔방에 버티어 수많은 등을 단다.
⑤ 들놀음 하는 날 황혼에 대개 다리 또는 샘(泉)이 있는 곳에서 농악대, 탈춤놀이꾼, 기타 길놀이에 참여하는 사람들이 등을 들고 풍물에 맞추어 춤도 추고 노래도 부르며 탈춤놀이 장소로 간다.
⑥ 행렬이 탈춤놀이 장소에 도달하면 행렬에 참여했던 사람과 신명 있는 고을 사람들이 굿거리 장단에 따라 덧배기춤을 추며 논다. 이 집단 난무는 술을 마셔 가며 자정까지 행한다.

⑦ 덧배기춤 놀이의 흥이 다하고 부녀자들과 아이들이 돌아가면 탈춤놀이를 논다.

⑧ 탈춤놀이가 끝나면 출연자들과 신명 있는 관객이 어울려 춤을 추며 논다.

①의 지신밟기는 정초에 행하여진다. 이때에 지신밟기를 하고 각 가정에서 받은 전곡이 들놀음의 경비에 충당되는 점이나 지신밟기의 연희자 대부분이 들놀음에 동원되는 점으로 미루어서 관계의 긴밀함이 입증되는 셈이다. 또한 지신밟기의 성격, 기능 그리고 놀이의 내용을 들놀음과 함께 검토하여 보면 들놀음 형성에 많은 영향을 준 선행 예술임을 알 수 있다. ②는 탈과 등 만들기이다. ③은 배역을 정하는 것이므로 들놀음을 놀기 위한 준비 과정이다.

④ 또한 준비 과정이다. ⑤는 대개 마을 밖 다리 혹은 샘이 있는 들녘에서 출발하여 마을 가운데 탈춤놀이 장소로 이동하면서 벌이는 가장 행렬이다. 들놀이의 연희자와 마을 주민들이 이것에 붙인 이름은 없으나 들놀음의 일련의 행사로 간주하고 있다. ⑥은 일종의 집단 난무라고 할 수 있다. 현지에서는 그저 "덧배기춤 춘다"라고 한다. ⑦은 탈춤놀이이다. ⑧은 탈춤놀이를 마치고 노는 여흥적인 뒷놀이다. 또한 이 뒷놀이가 강조되어 오독독이타령, 고사리꺾자, 요동춤 등을 하면서 신명나게 논다.

이처럼 동래야류는 크게 길놀이 과장과 탈놀음 과장으로 나누어 볼 수 있다. 길놀이 과장에는 집단 난무 과장인 덧배기춤, 그리고 잡희와 탈놀음 과장은 문둥이 과장, 양반 과장, 영노 과장, 할미·영감 과장 등으로 다시 나누어 살필 수 있다.

1. 길놀이

　동래 들놀음은 문헌으로 130여 년의 전통을 지니고 있다. 관리 출신을 주축으로 한 친목 단체인 기영회(耆英會)의 후원에 의하여 전승되어 왔다.
　이것이 다시 70여 년 전에 발족한 신흥계(信興契)에서 담당하다가 그 이듬해에 망순계(望筍契)로 바뀌어 계승되었으나, 1935년 경 일제의 탄압으로 줄다리기와 함께 중단되었다.
　그 당시에도 주관하는 단체와 유지들의 희사금으로 경비를 충당하였고, 간혹 정월 초삼일부터 지신밟기에서 모은 전곡으로 조달하였으나, 지금은 보존회의 기금으로 지출하고 있다.

길놀이 과장에 쓰이는 용등.

동래에서는 탈에 대한 외경심은 있지만, 가면 제작 장소를 분리하지 않고 자기 집이나 청년 회관이나 계의 사무실 같은 곳에서 만들었다.

놀이판은 연희 전날 장치하였으며, 연기의 연습도 주관하는 계에서 담당했었다. 그러나 지금은 가면과 의상 도구 등은 보존회에 보관하고 있으며 연습은 월 2~4회 또는 수시로 인간문화재 주도하에 진행되고 있다. 놀이판의 장치도 연희 전날 보존회에서 준비하는 것이다.

길놀이 과장에 쓰이는 봉황등.

탈놀음에 앞서 길놀이는 마을이나 인근 주민 모두가 참여하는 대동놀이의 성격의 각종의 가무, 가장, 장단과 소리 등 다양한 종류가 동원되어 일대 장관을 연출하는 마당이었다. 이러한 놀이를 통하여 지역 주민들의 화합과 공동체 의식을 높이는 중요한 계기가 되었던 것이다.

이러한 길놀이는 동래에서는 대보름 전후하여 하게 된다. 연희 날짜가 정해지면 그 전날까지 들놀음에 필요한 모든 준비를 하여 당일은 낮부터 길놀이에 소요되는 제반 의상 및 도구, 등(燈) 그리고 담당 인원을 점검한다. 그리고 저녁 나절쯤 놀이판에서 약 1km 떨어진 일정한 장소에 집합한다. 집합장소는 예전의 세병교(洗兵校, 현 동래앞 다리 혹은 부산다리) 또는 만년대(萬年台, 현 동래중학교 부근) 또는 염창(廉倉, 현 안락동 마당), 현 동래고교 옆에서 놀이판인 패문루까지 행진한다.

행진 순서는 풍악대-중군(中軍)-길군악대-팔선녀(八仙女)-야류패-

팔선녀등.   학등.

할미광대-한량(閑良)패-오개동(五個洞) 풍악대-일반 군중으로 일대 장관을 이루고 약 1시간 내지 1시간 반쯤 걸려 놀이판에 도착하게 된다. 길놀이는 해가 지고 달이 뜰 무렵에 지정된 장소에 집합하여 출발하기 때문에 길을 밝히는 목적도 있으나 가지 각색의 크고 작은 수백개의 등불 행렬을 화려하게 장식한다. 등불의 배치는 다음과 같다.

선두에 대청사등롱(大靑紗燈籠)을 쌍(雙)으로 앞세워 길을 연다. 이 대등은 흰 바지 저고리에 흑색 또는 남색 쾌자를 입고 전립(戰笠)을 쓴 사람이 든다. 다음에 십이지대등롱(十二支大燈籠)이 따른다.

십이지등롱이란 그 해가 용띠면 용 모양의 등을 말한다. 각종 대등롱은 대나무로 얽어 농(籠) 모양을 만들고 창호지를 바르며 그림이나 채색을 하는데 등 안에 촛불을 켜기 때문에 초롱이라고도 하는 것이다.

다음은 오색소등이 따른다. 이 오색등은 등롱에 여러 가지 색깔을 안

배한 것으로 무려 5백 개나 되었다 한다. 이것을 일렬 혹은 수열로 한몫에 배치하기도 하지만 대열의 중간 중간에 분산하여 배치함으로써 미관상의 안배와 어둠을 밝히기도 하는 것이다.

이밖에 용등, 봉등, 학등, 거북등, 무지개등, 포도등, 일산등 등 여러 개의 큰 등롱을 적당한 위치에 배열하는 것이다. 등불 행렬의 뒤를 이어 들놀음패를 중심으로 여러 패거리가 각기의 특색을 표출하여 행진한다.

거북등.

오색등.

1) 풍악대

행렬의 선두에서 풍악을 울리면서 대열을 이끈다. 피리 2, 대금 1, 북 1, 해금 1, 장고 1 등 여섯 가지 악기로 편성되므로 육(여섯)잽이라고도 한다.

2) 중군

풍악대의 뒤를 중군이 뒤따르는데 쾌자에 전립을 쓰고 창을 든 동자 두 명을 앞세운다. 중군은 대열을 보호한다는 뜻에서 말을 타고 갑옷 차림을 한다.

3) 길군악대

피리, 대금, 북, 해금, 장고 등 풍물에 맞춰 백성 평복 차림에 갓을 쓴 한량풍(閑良風)의 남창수(男唱手) 수명과 기생 차림의 여창수 수명이 서로 제창(齊唱)과 윤창(輪唱)을 섞어가며 주위를 돌아다니면서 춤을 춘다.

길군악 가사는 다음과 같다.

  합 창   헤-헤-에-에헤-헹-에-
            에헤-헹-에-에-헤-헹-헤야-
            아하이-에-헤헤-어-여-루 산이로다.
  앞소리 산아-산아-수려산아-

	눈비-이-맞구-우 백두-우 산-아
뒷소리	에-헤-헤-에-에헤헹-에-
	에헤-헹-에-에-에-헹
	헤야-아-하이-에헤헤어-여-루 산이로다.
앞소리	사-ㄴ-은 첩-첩-청산-이요
	무-ㄹ은 출렁-녹수우로다
뒷소리	에-헤-헤—에-에헤헹-에-
	에헤-헹에-에-헹-헤야-아
	하아-에-헤헤이-여-루-산이로다.
앞소리	일락서산에 해떨어지고
	월출동령에 달솟아온다.
뒷소리	에-헤-헤 에에-헤-헹 에헤-헤-헹
	에에헹-헤야아하아-에-해-해
	어여루 산이로다.
앞소리	팔도를 돌아 유산객이요
	여덟도 명산이 금강산을
뒷소리	에헤헤-에에헤헹-에에헤행
	에에헹-헤야아 하아 에-해해
	어여루 산이로다.
앞소리	한량노릇을 마쟀더니
	새장구 장단에 발림춤만 난다.
뒷소리	에헤헤-에헤헤헹-에에헤행
	에에헹 헤야아-하아-에-해에
	어여루 산이로다 지야-

(아래) 길놀이의 기수.
(오른쪽) 풍악대.

(위, 오른족) 거리 행렬 모습.

(위) 동래부사.
(아래) 말의 행렬.

4) 팔선녀

팔선녀가 연화등을 들고 뒤따른다. 여덟 명의 선녀란 서포 김만중의 소설 『구운몽』에 나오는 등장 인물로서 난양 공주, 영양 공주, 진채봉, 백능파, 심요연, 계섬월, 적경홍, 가춘운 등이다.

이들 선녀들은 예전 동래부의 기생들로 편성되었으므로 말을 타고 행진하는 경우가 많았다. 이때에는 한량들이 여덟 선녀를 한 사람씩 맡아서 마부(馬夫)노릇을 하여 춤을 추고 한 자리에 어울리기도 하였다고 한다.

팔선녀의 행렬.

5) 탈놀음패

다음은 들놀음 깃발을 앞세운 탈놀음패의 행렬이다. 흥겨운 굿거리 장단에 맞춰 춤을 추며 악사를 뒤따른다. 원양반, 말뚝이, 차양반, 모양반, 넷째양반, 종가도령, 영감, 제대각시가 각기의 의상에 탈을 쓰고 소도구를 가졌다. 원양반은 말을 타고 말뚝이가 마부노릇을 하기도 한다.

6) 할미 가마

가마를 탄 할미역이 뒤따르며 여러 가지 몸짓으로 흉내내어 웃긴다.

7) 한량

한량들이 뒤따른다. 이들은 오색 천으로 휘황하게 장식한 우마차를 타기도 하는데, 기생들과 장고 장단에 맞추어 춤춘다. 부르는 소리는 주로 난봉가와 양산도이므로 일명 난봉가패 또는 양산도패라고도 한다.

【난봉가】
합　창　에-에헤헤-에헤헤에-에헤헤야아-
　　　　하이-어루후훔마아 하아-두리둥-
　　　　두우홍 내 -사랑마안 -가노오라
앞소리　슬슬 동풍에　주루룩 주루룩 오고요
　　　　시화야 연풍에 님생각 나노라.
뒷소리　(합창과 같음)

앞소리 난봉이히이 났구우나-아-
낮이나나 난봉났구우나-아
뒷소리 (앞과 같음)

【양산도】

앞소리 에-헤-헤-이히야-
차문주가하처재(借問酒家何處在)오
목동요지행화촌(牧童遙指杏花村)이라
세월아 봄철아 오고 가지 마라
아까운 청춘이 다아 늙어 간다.
뒷소리 에-라 놓-아라 아니 -못-놓겠네
능-지를 하여도 나는 못-놓겠네
앞소리 에헤-헤-헤이 히야-
월백설백(月白雪白) 천지백(天地白)하고
산심야심(山深夜深) 객수심(客愁深)이로다
일락서산(日落西山)에 해떨어지고
월출동령(月出東嶺)에 달솟아온다.
뒷소리 (위와 같음)
에-헤-헤-이 히야
앞소리 무심한 저달이 구름 밖에 나드니
공연한 심사를 산란케 한다.
아사라 말어라 네가 그리 마라
사람의 괄세를 네가 그리 마라
뒷소리 (위와 같음)

양반들.

말뚝이.

4 동래야류의 구성 57

(왼쪽 위) 문둥이 패. (왼쪽 아래) 학춤 행렬.
(오른쪽) 할미가마.

4 동래야류의 구성 59

(위) 한량들의 마차.
(가운데) 지게꾼.
(아래) 농악대.

8) 농악대

농악대가 따른다. 참가한 마을의 농악대는 자기의 농악기를 앞세우고 행렬의 마지막을 장식한다. 이 농악대는 대개 다섯 마을에서 왔기 때문에 '오동농악'이라 하였으나 반드시 5개 동에서만 오게끔 한정된 것은 아니다.

이 매구패 뒤에는 신명 있는 주민들이 특이한 가장(假裝)을 하거나 소리와 춤 또는 각자의 특기를 발휘하기도 하면서 소정의 놀이판으로 행진해 가는 것이다. 그야말로 장사진을 이루는 동래 지역의 축제인 것이다.

길놀이 군중이 놀이판에 이르면 소등과 대등을 매달며 사방에 모닥불을 피우고 여러 군데에는 횃불을 밝혀 조명의 구실과 추위를 녹이는 구실도 하게 된다. 이때부터 이른바 군무가 시작된다.

야류패는 탈놀음을 하기 위해 별도로 설치한 개복청이나 이를 대신하는 곳에서 휴식을 하게 된다. 그러나 여타의 사람들과 길놀이꾼은 그 여세를 몰아 계속하거니와 일반 관중들도 자유롭게 뛰어들어 한데 어울린다.

탈을 만들어 쓴 사람이 있는가 하면 얼굴에 먹칠을 얄궂게 한 사람, 가장한 사람, 그런가 하면 아무 분장도 하지 않은 사람 등등 남녀 노소 누구나 하고 싶은 사람은 모두 뛰어들어 어울려 그야말로 난장판을 이룬다. 각기의 장기를 자랑하기도 한다. 소리에 능한 사람은 소리로 춤을 잘 추는 사람은 학춤, 문둥이춤, 곱새춤 등 다양하다.

이 놀이마당에는 정해진 종목이나 순서도 없이 자의적으로 진행되어 연회자와 관중이 일체가 되는 것이다. 놀이판에 마련된 술과 안주도 마음 내키는 대로 먹고 놀고 즐기는 장면이다.

밤이 이슥하여 부녀자들은 거의 귀가하고 놀이꾼들도 기진맥진할 정도가 되면 탈놀음패가 등장한다. 꽹과리를 선두로 징, 장구, 북의 순으로 들어오며 굿거리 장단을 울리면 원양반을 비롯한 양반들과 말뚝이, 영감과 제대각시, 문둥이 등이 모두 들어와 놀이판을 한 바퀴 돌고 악사는 일정한 자리에 일렬로 서면, 가면들은 원무 형태에서 난무로 바뀐다.

그러나 춤사위는 각기 배역에 알맞는 내용으로 조화를 이룬다. 한바탕 어울리다가 장단이 자진가락으로 바뀌면 모든 배역의 가면들은 춤을 추며 퇴장한다. 장단이 다시 느리게 진행되면 첫과장의 문둥이가 등장하여 탈놀음이 시작된다.

2. 탈놀이

1) 문둥이 과장

경남 지역에는 기후가 온난하여 6.25 동란 전까지만 해도 문둥이가 걸식하러 다니는 것을 많이 볼 수 있었다 한다. 문둥이들은 인가에서 멀리 떨어진 외딴 곳에 움막을 치고 집단적으로 기거하면서 걸식하러 오곤 했다.

그래서 문둥이가 병을 낫게 하려고 아기를 잡아먹는다는 소문이 떠돌아 아이들이 겁을 내기도 했고, 문둥이 집단에 신참 여자 문둥이가 왔을 때에 배필을 정하는 문둥이 결혼식 등 문둥이를 소재로 하는 우스운 이야기를 흔히 들을 수 있었다.

이런 바탕에서 자연스럽게 다른 지역에서 볼 수 없는 문둥이 과장이 경남 지역 가면극에 형성되었을 가능성이 많다. 동래야류에도 문둥이가 춤을 추는 과장이 있었다고 한다.

그러나 이 과장은 일찍이 중단되었다가 1970년대 말 다시 재연되어 오늘에 이른다. 이 과장에서는 문둥이의 한을 표현했다기보다는 그 형태를 희화화한 표현이라고 보는 것이 좋을 듯하다. 동래야류의 문둥이 과장은 대사가 없는 무언극이다. 등장 인물의 신분이 불분명하게 되어 있으나 이는 양반의 자손으로 보아야 할 것이다.

이에 대하여 1975년에 발행한 『석남민속유고』(石南民俗遺稿)중 1930년에 촬영한 동래 문둥이 가면 해설에 다음과 같이 기록하고 있다.

큰 문둥이 춤.

"제1과장에 등장하여 양반의 자손으로서 조상들의 누적된 죄과(罪科)의 인연으로 불치의 문둥병에 걸려 출세하지 못하는 골수에 맺힌 비분과 통탄을 춤으로써 표현한다…"

이로 미루어 남부형 가면극의 문둥이는 모두 양반의 후손이며, 양반 과장에 앞서 양반을 병신으로 만들어 놓고 있어 의미가 큰 과장이라 할 수 있다.

(왼쪽, 오른쪽 위) 큰 문둥이 춤.
(오른쪽 아래) 작은 문둥이 춤.

(왼쪽) 큰 문둥이, 작은 문둥이가 춤추는 장면.
(오른쪽) 큰 문둥이, 작은 문둥이가 뒹구는 장면.

큰 문둥이, 작은 문둥이가 춤추는 과장.

(위) 큰 문둥이 작은 문둥이 춤 추는 장면.
(아래 왼쪽) 큰 문둥이 춤.
(아래 오른쪽) 작은 문둥이 춤.

2) 양반 과장

이 과장은 조선 후기 서민들의 가장 큰 사회 문제를 다루고 있다. 민중 의식이 가장 선명하게 드러나 보인다. 그러므로 대사도 많고 놀이의 시간도 가장 길며, 가장 긴장되며 강조되는 과장이다. 말뚝이의 언어적 골계를 통하여 양반을 희롱하며 양반은 자기 방어를 시도한다.

또한 양반의 자기 비하 현상이 나타나며 양반층과 하층민의 분화 현상도 감지된다. 또한 무능하고 허례 허식에 가득 찬 다섯 양반들을 말뚝이를 통해 온갖 모욕과 신랄한 풍자를 한다는 내용이다. 말뚝이는 이에 그치지 아니하고 대부인 마누라와 상간(相姦)하는 것으로 나타난다. 탈의 모습에서도 양반의 품위가 손상된 이미지를 찾을 수 있다. 양

입장하는 악사들.

반 가운데 셋째 양반은 안면 전체가 황색 개털로 되어 있다. 모양반, 개 잘량이란 별명이 있어서 무능한 인간으로 묘사되고 있다.

반면에 말뚝이 탈은 힘 없는 양반을 농락하는 데 걸맞게 크고 험악하여 그의 탈모양과 춤사위 만으로도 충분히 양반을 압도한다. 말뚝이가 '이 제기를 붙고 금각 대명을 우둥우둥 갈 이 양반들아!' 하며 등장한다. 그리고 양반들을 돼지새끼, 실뱀, 돌남생이, 히쭉새, 신대가리 등으로 비유하며 조롱한다.

또한 자기의 출신이 양반이라면서 고관 대작의 관직명을 나열하며 양반들에게 호통친다. 이러한 말뚝이의 대사는 양반가의 타락상을 폭로·풍자하는 주제로 되어 있다.

흥겨운 농악이 분위기를 돋우는 양반 과장.

(왼쪽 맨위) 차양반, 모양반, 넷째양반, 종가도령이 춤추는 모습.
(왼쪽 가운데, 아래) 종가도령이 모양반을 놀리고 있다.
(오른쪽) 모양반 등에 올라타고 희롱하는 종가도령.

양반들이 어울려 춤을 추고 있다.

(위) 말뚝이를 부르는 원양반.
(아래) 말뚝이의 등장.

(위) 말뚝이를 양반들이 부르고 있다.
(아래) 양반들이 말뚝이 소리에 넘어진다.

말뚝이가 '엿다' 하면서 채찍을 휘두른다.

원양반이 말뚝이를 질책한다.

(왼쪽) 양반들을 조롱하는 말뚝이의 당당한 모습.
(위) 원양반과 말뚝이의 수작.

(왼쪽, 오른쪽 위) 계속되는 말뚝이의 양반 희롱.
(위) 원양반과 말뚝이의 대화.

원양반과 말뚝이의 대화.

(왼쪽) 말뚝이와 종가도령이 춤을 추고 있다.
(오른쪽 위) 양반을 조롱하는 말뚝이.
(오른쪽 아래) 대구하는 양반들.

(위) 모양반의 춤.
(아래) 종가도령의 춤.
(오른쪽) 양반들의 군무.

4 동래야류의 구성 87

(위) 양반들의 쑥덕공론.
(아래) 말뚝이가 계속해서 양반들을 희롱하고 있다.
(오른쪽) 양반들의 저항이 본격적으로 시작된다.

(위) 양반들의 당황한 모습.
(아래, 오른쪽 위) 말뚝이의 조롱.
(오른쪽 아래) 말뚝이와 양반들이 함께 어깨춤을 춘다.

(위) 모양반의 횡재.
(아래) 양반 들의 퇴장.

3) 영노 과장

이 과장은 말뚝이·양반 과장의 다음에 연희된다. 이 과장 또한 양반에 대한 풍자를 주제로 삼고 있다. 영노 과장을 정리하면 다음과 같다.

① 비비양반이 괴상한 영노를 만나 정체를 확인하기 위해 질문을 던진다.
② 영노는 비비양반을 잡아먹은 후 등천하겠다고 하면서 덤빈다.
③ 비비양반이 위기를 모면하기 위해 여러 동물 또는 먹지 못한 물건이라고 말하며 신분을 속인다.

양반이 영노에게 질문을 던진다.

(위) 대화를 나누는 비비양반과 영노.
(아래) 영노가 비비양반을 잡아먹으려 한다.

(위, 아래) 영노와 비비양반의 갈등 장면.

비비양반을 추격하는 영노.

④ 양반은 신분위장이 통하지 않자 나중에는 신분을 밝히고 양반으로서 허세를 부리며 저항한다.
⑤ 양반은 영노에게 쫓기다가 화해를 한다.

영노는 양반과의 대결에서 일방적인 우위에 서 있다. 처음부터 양반을 응징하기 위해 등장하며 양반과의 타협은 있을 수 없다. 영노가 하늘로 올라가기 위해 필연적 조건으로 제시된 100명의 양반은 사회 모순을 배태시킨 당사자로서 거세의 대상이다. 그러나 영노는 양반을 응징하기 위해 나왔지만 상대와의 화해 가능성을 배제한 것은 아니다. 양반이 영노에게 쫓기다가 부채를 되찾고 안도 후에 화해의 춤을 춘다. 이것은 양반에 대한 민중들의 저항 의식을 영노라는 동물을 통해 상징적으로 부각시키는 의미가 있다고 할 것이다.

비비양반이 영노에 쫓기다 넘어지고 있다.

(위, 아래) 발가락을 침으로 고치는 비비양반.
(오른쪽) 도망다니는 비비양반.

4) 할미·영감 과장

이 과장은 할미와 영감 사이에 제대각시가 등장하면서 처첩간의 갈등이 나타난다. 그 내용을 보자.

① 할미가 영감을 찾아다닌다.
② 영감이 첩을 데리고 논다.
③ 영감과 할미가 서로 만난다.
④ 할미가 첩을 질투하자 영감은 자기가 없는 사이에 자식 삼형제를 죽였다고 할미를 발길로 차서 넘어뜨린다.
⑤ 봉사가 와서 독경을 하여도 할미가 소생하지 못한다.
⑥ 출상한다.

할미가 들놀음판에 나타나서 영감을 찾는다. 영감도 할미를 찾는다. 오랜 만에 만난 부부는 반겼으나 영감이 첩 제대각시를 데리고 온 데서 싸움이 벌어진다. 할미의 성화에 못이겨 제대각시는 퇴장한다. 영감이 할미에게 두고 간 아들 삼형제의 소식을 묻는데 첫째놈 솔방울은 떨어져 죽고, 둘째놈 돌멩이는 빠져서 죽고, 셋째놈 딱개비는 물질려서 모두 죽었다고 했다. 화가 난 영감이 할미를 발길로 차니 할미가 쓰러진다. 당황한 영감이 의원을 불렀으나 소용이 없다. 다시 봉사를 불러 독경을 하지만 이미 죽었음을 확인한다.

이 과장은 주인공의 부도덕한 생활에 대한 비판을 희극적으로 표현한 과장이다. 다른 과장에서는 양반, 말뚝이, 문둥이, 영노 등 관객이 속하지 않는 계층의 인물이 등장하여 풍자하고 비판하지만 이 과장에서는 연희자나 관객과 같은 서민이 등장하는 과장이다. 그러므로 이 과장 만큼은 서민 스스로의 생활상에 대한 현실 인식과 더불어 자기 반성의 희극적 표현을 구축하고 있다고 하겠으며, 부도덕이 응징을 받는 교화적인 주제라 하겠다. 부도덕이 응징을 받는 교화적인 주제가 웃음과 함께 돋보이는 것이다.

영감을 찾고 있다.

영감이 할미를 찾고 있다.

(위) 서로 찾아다니던 할미와 영감이 만나 반갑게 포옹한다.
(아래) 서로 만나 뒹구는 할미와 영감.

할미가 지팡이를 들고 영감을 부르고 있다.

제대각시를 데리러 가는 영감.

영감과 제대각시가 춤을 추고 있다.

할미와 제대각시가 싸우고 있다.

억울함을 호소하는 할미.

(위) 통곡하고 있는 할미.
(오른쪽) 영감과 제대각시를 할미가 떼어놓고 있다.

(위) 할미와 제대각시가 싸우고 있다. (아래) 영감이 아들들의 안부를 묻고 있다.
(오른쪽) 할미가 영감에게 잘못을 빌고 있다.

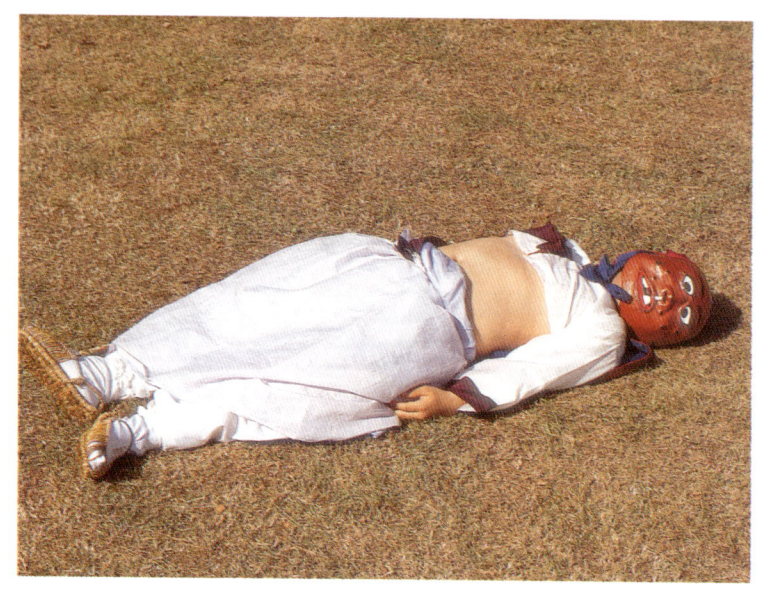

(위) 기절한 할미. (아래) 영감이 할미의 맥을 짚어본다.

(위) 의원이 할미의 맥을 짚어본다. (아래) 할미에게 침을 놓는 의원.

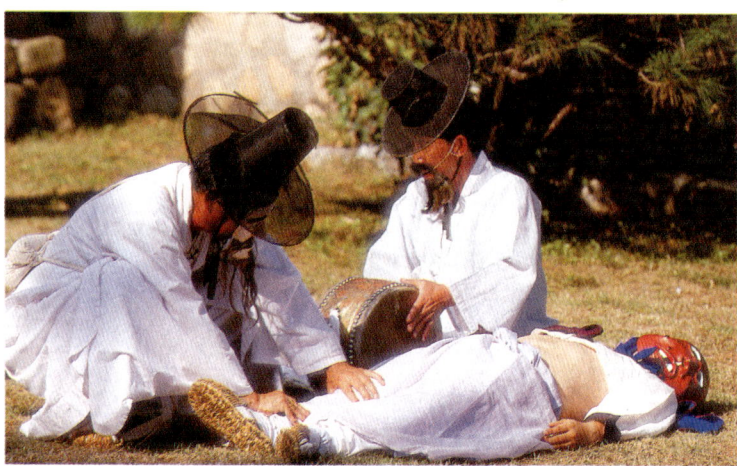

(왼쪽 위) 영감이 봉사를 데려온다.
(왼쪽 가운데) 봉사가 북을 두드리며 경을 읽는다.
(왼쪽 아래) 상여꾼이 할미를 메고 나간다.
(위) 할미 장례식의 출상.

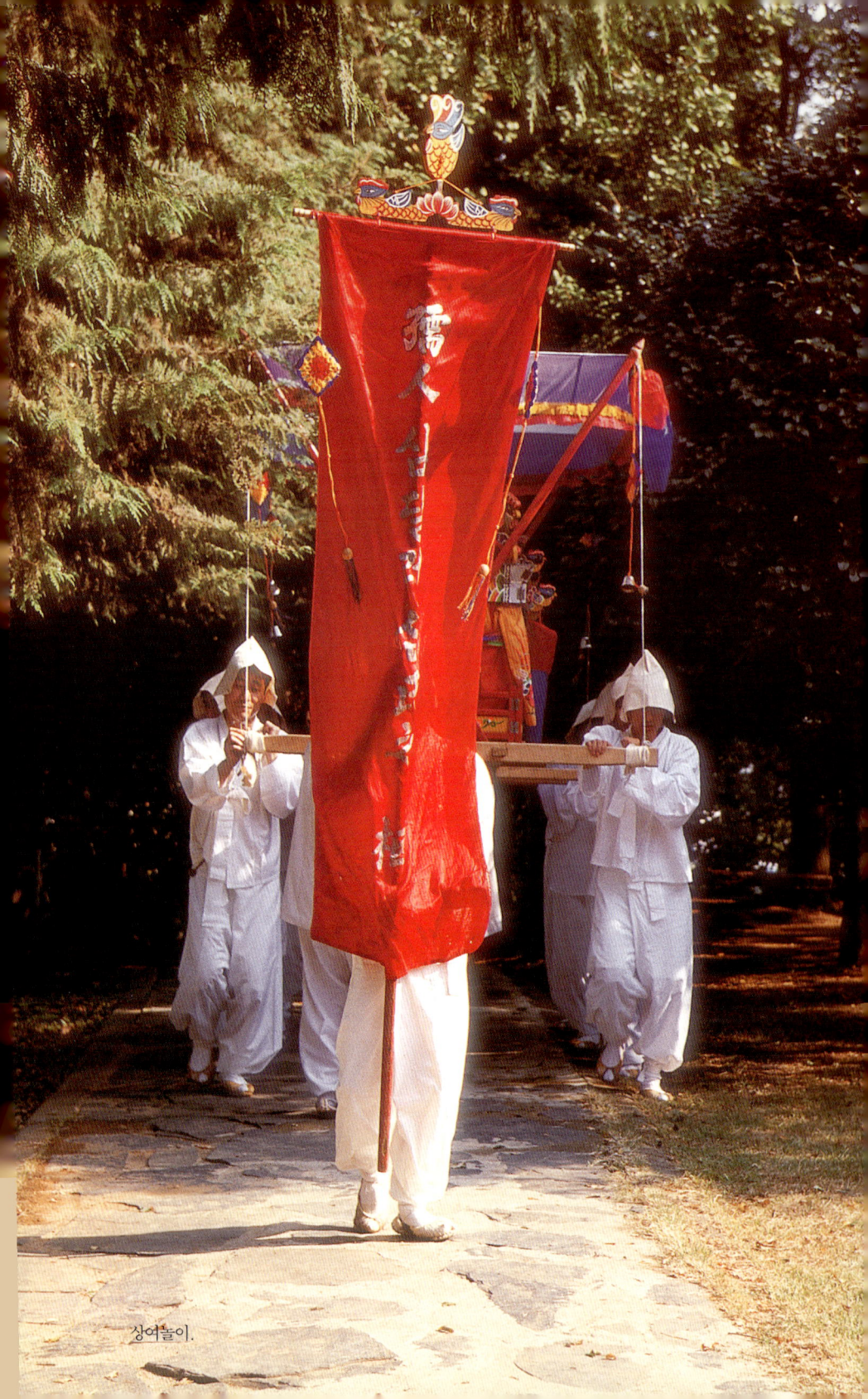

상여놀이.

3. 뒷놀이

탈놀음의 네 과장을 모두 마치면 머지 않아 동트는 시각이 된다. 이 때에 연희자 이외에 일부 주민과 한량들이 흥에 겨워 마지막으로 한데 어울려 놀이를 마무리하는 것이 바로 뒷놀이다. 뒷놀이는 대본이나 각본이 없이 즉흥적으로 연출된다. 그 내용은 오독독이타령, 고사리꺾자타령, 요동춤놀이로 구성되어 있다.

1) 오독독이타령

탈놀음패와 한량 그리고 악사들이 장단에 맞춰 원을 지어 앉으며, 원양반이 일어서서 춤을 추며 원 안쪽을 빙 돌면서 선창을 한다.

원양반   수 -우양산 깊-은 골로
　　　　　가만이 슬슬 들어가서
　　　　　버-드나무 한 가지를
　　　　　한움큼 주루-룩 훑어-다가
　　　　　깊고 깊고- 깊-은 물에
　　　　　여게도 풍덩 저게도 풍덩
　　　　　풍구덩 풍덩-
차양반   (일어서서 박자와 호흡을 맞추어)
　　　　　풍덩풍덩이라니?
양반들   옹당샘에 돌 던지는구나.
원양반   엇다. 너 몰랐다. 양류청청도수인(楊柳靑靑渡水人)이다.

전 원	용타 용타 용타 용타—
	에후 절사 더듬석 안고
	아아— 요것이 내로구나
	(악사들은 앉은 채로 웅박캥캥 장단과 동시에 일동은 일어서서 한참 동안 춤을 추며 논다. 이때 악사들은 한 사람씩 일어서서 개인 특기를 발휘하기도 하다가 적당한 때에)
원양반	쉬이
	(하면 장단과 춤은 그치고 제자리에 돌아간다)
	저놈의 양반 거동을 보아라
	갓은 벗어서 등짐하고
	옷은 벗어서 짝지에 매고
	이리로 비틀 저리로 비틀—
차양반	비틀비틀이라니?
양반들	석양귀객(夕陽歸客)이 장불한(杖不閑)일세.
원양반	엇다, 몰랐다. 취주강산(醉酒江山)에 다호걸(多豪傑)이로구나.
전 원	용타 용타 용타 용타아
	에후 절사 더듬석 안고
	아해 요것이 내로구나
	(앞에서와 같은 형식으로 흥겹게 한바탕 논다)
원양반	춘풍에 휘늘어진 버들가지는 이리저리 휘날려서 우줄우줄.
양반들	작작(灼灼) 요요(寥寥) 난란(亂亂) 중에 범나비 쌍쌍 날아든다.
원양반	엇다, 너 몰랐다.

             양류세지(楊柳細枝) 사사록(絲絲綠)하니 꾀꼬리 쌍쌍 춤
             을 추노라
전　원　　용타 용타 용타 용타
             에후 절사 더듬석 안고
             아아 요것이 내로구나

이렇게 반복하다가 원양반이 '쉬이' 하면 타령놀이는 마친다.

2) 고사리 타령

고사리 타령은 손을 잡고 원을 지어 전원이 앉아서 자리를 잡으면 악사는 원 밖에 자리를 잡고 앉는다. 원양반이 일어서면 악사는 장단을 친다.

창　　　수양산 고사리 꺾자
             (원양반이 노래를 부르면서 두 번째 사람의 왼팔을 넘어간다. 두 번째 사람은 원양반의 뒤를 따라야 하므로 일어서서 세 번째 사람의 왼팔을 넘어가면서)
창　　　만수산을 넘어가자
             (세 번째 사람도 그 뒤를 따라 네 번째 사람의 왼팔을 넘어가면서)
창　　　수양산 고사리 꺾자

이러한 식으로 되풀이한다.

햇불을 밝히고 뒤풀이를 하고 있다.

3) 요동춤 놀이

놀이꾼들은 모두 원을 그려 앉는다. 다음에는 하늘을 보고 누웠다가 양팔과 다리만 땅에 대고 배와 엉덩이를 치켜올린다. 그리고 나서 장단에 맞춰 요동춤(搖動舞)을 추는 것이다. 이러다가 춤사위가 나쁘거나 대오(隊伍)를 벗어나면 '펑게'를 준다. 펑게는 논에 물을 퍼넣는 기구로 판자로 함지처럼 만들고 네 귀에 끈을 달아 두 사람이 마주 잡고 물을 퍼 올리는 것을 말한다. 벌을 받는 사람의 팔과 다리를 잡아 펑게로 물을 퍼올리는 시늉을 하는 것이다. 이번에는 반대로 땅에 엎드렸다가 팔과 다리만 땅에 대고 배와 엉덩이를 치켜올려 요동춤을 추며 웃다가 일어서서 한바탕 덧배기춤으로 끝마친다.

5 동래야류의 양식

1. 가면 · 의상 · 도구

동래야류의 가면은 모두 바가지로 만든다. 배역에 알맞는 크기의 바가지를 골라 눈, 입 등을 도려 내고 코와 귀는 따로 만들어 붙인다. 그리고 한지로 안팎에 두서너 번 바른 다음 햇빛에 말린다. 그리고 다시 색칠을 하고 수염과 눈썹은 말총, 소털, 개털, 토끼털 등으로 달거나 붙인다. 동래야류 가면의 특이한 점은 다섯 양반과 영감의 턱은 모두 움직이게 되어 있다. 그러므로 대화할 때 턱이 움직이므로 생동감이 더하는 것이다. 그리고 문둥탈 이외에는 거의 탈보가 없이 탈의 좌우에 구멍을 내어 노끈을 달아 그것을 머리에 붙잡아 매어 쓰게 되어 있다.

과거의 가면 제작은 연희자가 직접 만들어 쓰기도 하였고, 손재주가 있는 사람이 만들기도 하였다. 그러나 1971년 천재동 선생이 가면 제작 부문의 인간문화재로 인정받아 가면 제작을 전담하고 있다. 각종의 탈의 모양새와 의상 · 도구를 살펴보자.

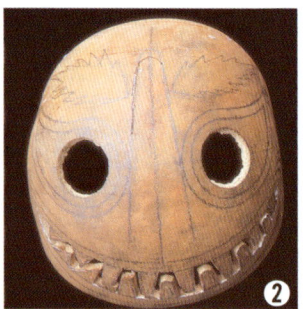
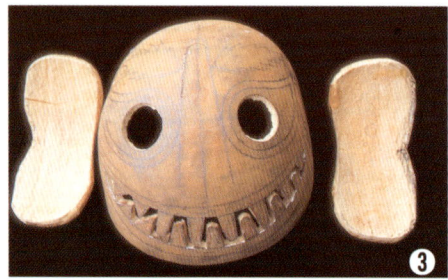

〈탈제작 과정〉

1. 바가지 밑그림.
2. 눈 뚫은 모양.
3. 귀를 붙인다.
4. 코를 붙인다.
5. 종이를 바른다.

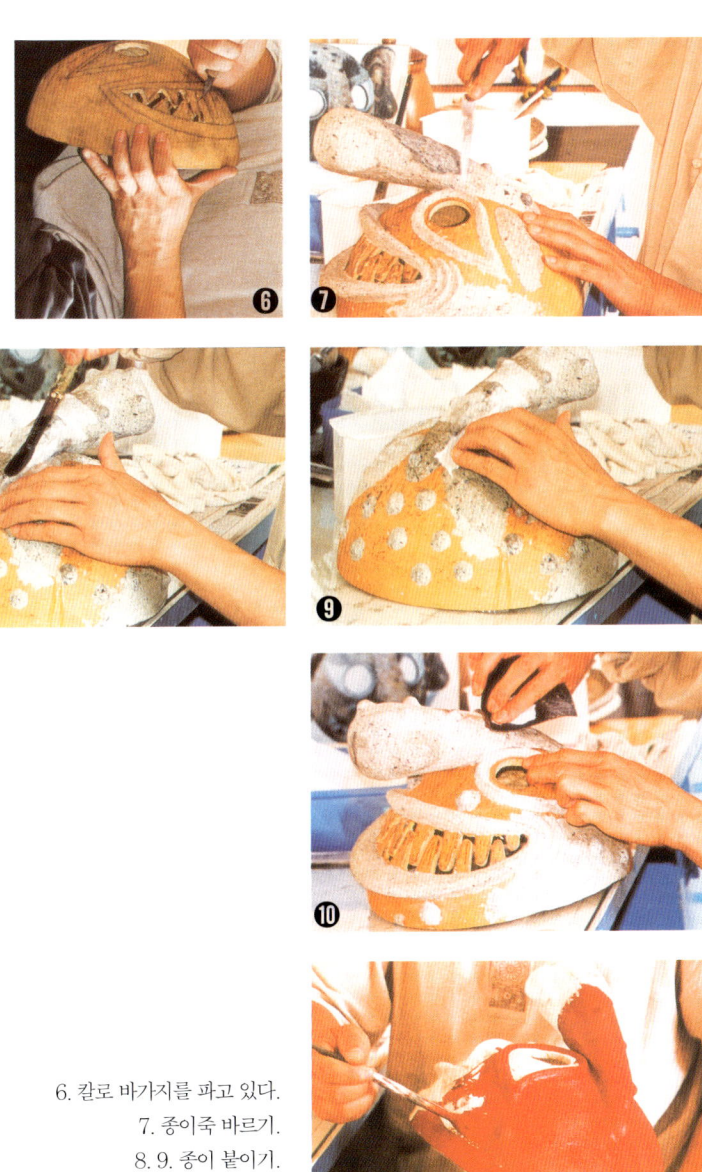

6. 칼로 바가지를 파고 있다.
7. 종이죽 바르기.
8. 9. 종이 붙이기.
10. 사포질 하기.
11. 색칠 하기.

1) 큰 문둥이

바가지로 만든다. 길이 27cm, 너비 22cm의 안면 전체가 불그레하면서도 미색이 돌아 병색이 완연하다.

푸르죽죽한 큰 반점이 30개, 주근깨 20여 개가 안면 전체에 박혀 있다. 눈썹·눈·코·입 모두가 비틀어져 있고 두 귀는 없다.

눈썹은 오른쪽은 아래로 왼쪽은 위로 찢어진 듯, 길이 7cm, 너비 0.5cm 정도로 멀리서는 보일 듯 말 듯하게 적갈색으로 그려져 있다.

눈도 역시 눈썹과 같이 위 아래로 처져 있고, 눈동자는 뚫렸다. 눈은 갈색으로, 눈동자는 흑색으로 그렸는데, 눈의 길이 7cm, 너비 4cm이며 눈동자는 길이 2.5cm, 너비 2cm 정도이다.

코는 끝 부분이 문들어져 떨어진 듯한데 길이 5cm, 너비 7.5cm, 높이 1.5cm이다. 입은 적갈색으로 두툼하게 그렸는데 비뚤어졌다. 벌린 입에 네 개의 흰 이빨이 아래 위로 드문드문 박혀 있다.

입의 길이 17cm, 너비 6cm이다. 검은색의 탈보가 달렸다. 의상은 흰 바지 저고리에 연한 녹색의 조끼를 입고, 대님을 매지 않고 걷어 올렸다. 맨발에 미투리를 신었다. 왼손에는 소고, 오른손에는 소고채를 쥐었다.

2) 작은 문둥이

바가지로 만든다. 길이 26cm, 너비 23cm이며 검은 탈보가 붙어 있다.

미색 바탕에 곰보의 자국과 푸르죽죽한 큰 반점이 안면 전체에 박혀

큰 문둥이 탈.

작은 문둥이 탈.

있고, 눈·코·입이 모두 비뚤어져 병색이 완연하며 귀는 없다.

눈썹은 오른쪽은 위로, 왼쪽은 아래로 찢어지고 길이 3cm, 너비 0.5cm 정도인데 먹으로 그렸으나 멀리서는 보이지 않을 정도이다.

눈도 눈썹의 방향으로 찢어지고 눈동자는 뚫렸다. 눈의 길이 5cm, 너비 3.5cm, 눈동자는 길이 2.5cm, 너비 2cm 정도이다. 코는 끝이 떨어져 이그러졌는데, 길이 6cm, 높이 0.5cm, 너비 6cm이다. 입은 적갈색으로 입술을 두툼하게 그리고 비뚤어지게 벌린 입에는 흰 이가 세 개 보인다.

입 오른쪽과 왼쪽 밑에 주름살을 두서너 개씩 먹으로 그렸다. 의상은 큰 문둥이와 같이 흰 바지 저고리에 미색 조끼를 입고, 대님은 매지 않고 걷어 올렸으며, 맨발에 미투리를 신고 왼손에 소고를 오른손엔 소고채를 들었다.

3) 원양반

원양반 탈.

바가지로 만든다. 길이 24cm 중, 턱의 길이가 7cm로 움직인다.

안면 중앙의 너비 19.5cm이다. 희멀건 미색 바탕에 잘생긴 얼굴에 수염이 엄숙한 느낌을 준다. 눈썹은 길이 7cm, 너비 2cm정도의 검은 털가죽을 오려 붙였으며, 눈은 길이 6cm, 너비 3cm의 크기를 먹으로 그렸으며 눈의 흰자위는 주석으로 만들고 동자는 직경 2cm 정도 동그랗게 뚫렸다.

코는 따로 만들어 붙였다. 길이 7cm, 높이 2cm, 너비 4cm로 콧구멍은 없다. 콧수염의 길이 19cm, 턱수염은 35cm 가량인데 적갈색의 말총을 붙였다. 눈썹과 수염은 본래 검은색이었다고 한다. 입의 길이 8cm, 너비 2cm이다.

귀는 없다. 의상은 학(鶴)무늬의 흉배(胸背)가 달린 남색 도포(道袍)에 사모각대(紗帽角帶)하고 검은 목화(木靴)를 신었으며 사선(紗扇)을 들고 있어 점잖은 풍채가 엿보인다.

4) 차양반

바가지로 만든다. 길이 26.5cm 중, 턱의 길이가 6cm로 움직이며 안면 중앙의 너비가 16cm, 전면이 희멀건 바탕에 눈과 코가 크고 수염은 원양반보다 더 많다. 눈썹은 길이 6.5cm, 너비 1cm의 모피를 잘라 붙였으며, 눈 언저리는 먹으로 그렸는데. 길이 6.5cm이고 흰자위는 백석 주석으로 만들고 눈동자는 직경 2cm로 뚫렸다. 코는 따로 만들어 붙였으니 길이 7cm, 높이 4.5cm, 너비 5.5cm로 콧구멍은 없다. 입의 길이 7cm, 너비 2cm이다. 연한 황색 도포에 남색 술띠를 하고 정자관(程子冠)을 쓰고 미투리를 신었으며 부채를 들었다.

차양반 탈.

5) 모(毛)양반

바가지에 개털을 덮어 만든다. 얼굴 전체를 황색 개털로 덮어씌우고 수염도 모피로 만들었고 모자도 개털관(冠)을 씀으로 두룽다리 또는 개잘량이란 별명이 있다.

모양반 탈.

눈썹은 길이 7cm, 너비 1cm 의 검은 털을 붙였고, 눈은 직경 2cm로 동그랗게 뚫렸다.

코는 길이 11cm, 너비 4cm, 높이 4cm의 크기로 만들어 달았는데 흔들흔들 움직인다. 입은 길이 10cm, 너비 2cm로 벌리고 있다. 귀는 없다. 콧수염은 양쪽 귀 밑에 10cm 길이의 모피를 붙이고 끝에 방울을 달았다. 턱수염도 길이 10cm, 너비 6cm의 모피를 오려 붙이고 끝에 방울을 달았다. 가면의 높이 21cm로 입술에서 턱 끝까지의 길이가 5cm로 움직이게 되어 있다. 너비는 19cm이다. 의상은 적색 도포에 적색 술띠를 띠고 미투리를 신었으며 부채를 들었다.

6) 넷째양반

바가지로 만든다. 길이 19cm로 입술에서 턱 밑까지의 길이가 6cm로 움직이게 되어 있다. 얼굴 중앙의 너비가 17cm이다. 원양반과 마찬가지로 희멀건 바탕에 턱수염이 길고 귀는 없다.

눈썹은 길이 6.5cm, 너비 1cm의 검은 모피를 오려 붙였다. 눈의 길이는 5.5cm이며 언저리에 속눈썹을 그렸다. 흰자위는 함석으로 만들고 동자는 직경 2cm로 뚫렸다. 코는 길이 6.5cm, 높이 3cm, 너비 4.5cm크기로 만들어 붙였다. 입은 길이 9cm, 너비 2.5cm로 열렸다. 콧구멍은 뚫렸으며 콧수염은 팔(八)자로 길이 9cm, 턱수염은 35cm이다. 의상은 흰색 도포에 흰색 술띠를 띠고 정자관을 쓰고 미투리를 신었으며 부채를 들었다.

넷째양반 탈.

7) 종가도령

바가지로 만든다. 길이 20.5cm, 너비 20cm이다. 입술에서 턱 밑까지의 길이 5cm, 너비 10cm이다. 귀와 수염은 없다. 미색 바탕에 길이 7cm, 너비 1cm의 눈썹은 검은 모피를 달았다. 길이 5cm, 너비 2.5cm의 눈은 먹으로 선을 긋

종가도령 탈.

고 속눈썹을 선명하게 그렸다. 눈의 흰자위는 함석으로 만들고 직경 2cm의 눈동자가 뚫렸다. 코는 길이 6cm, 높이 3cm, 너비 5cm로 콧구

멍을 뚫었다. 입의 길이 8cm, 너비 2cm로 열렸다. 의상은 남색 쾌자(快子)에 흑색 복건을 쓰고 미투리를 신었으며 부채를 쥐고 있다. 붉은 술띠에는 크고 작은 주머니를 양쪽에 긴 끈으로 매달고 있다. 가면의 상(相)을 보면 바보스럽지 않은 예쁜 도련님이다.

8) 말뚝이

바가지로 만든다. 검붉은 얼굴색에 이목구비(耳目口鼻)가 큼직큼직하다. 높이 38cm, 너비 33cm로 동래야류 가면으로서는 가장 크고 멋지다. 눈썹은 길이 17.5cm, 너비 5cm 크기로 만들어 붙였다.

눈 언저리는 먹으로 그렸는데 능형(菱形)으로 찢어졌으며 길이가 12.5cm, 너비가 17cm나 된다. 검은 눈동자는 뚫리지 않고 직경 5cm나 되게 툭 튀어 나왔으며, 흰자위는 은지를 발랐다.

코는 미간(眉間)에서부터 윗입술까지 뻗어 22.5cm나 되며 높이는 8cm 정도밖에 안 되지만 코 끝 양쪽은 혹처럼 커서 14cm나 된다. 활짝 웃는 입은 윗니가 6개, 아랫니가 5개가 은색으로 빛나고 반달형의 입 길이 34cm, 너비 12cm이다. 귀는 따로 만들어 붙였는데, 길이 22cm, 너비 12cm나 된다. 양쪽 귀 밑에서부터 영락(瓔珞)을 달았다.

황·녹·적색을 섞어 종이로 엮었고, 둘레가 8.5cm이며 길이는 112cm나 된다. 콧등을 비롯한 안면 전체에 커다란 혹 같은 여드름이 돋아 있어 험상궂기 짝이 없다.

의상은 흰 바지·저고리에 녹색 마고자를 입고 미투리를 신었으며 왼 다리에는 누런 띠로 아래를 묶고, 머리에는 황·적색의 조화(造花) 3개를 달았다. 화려한 마고자는 말뚝이 탈과 함께 풍자적이다.

말뚝이탈.

9) 영감

영감 탈.

바가지로 만든다. 양반 과장의 양반과 거의 비슷한 면상(面相)으로 희멀건 바탕에 턱이 움직이고 귀는 없다.

길이 21cm 중, 턱의 높이 6cm, 너비 18.5cm이다. 눈썹은 길이 7cm, 너비 1.5cm의 모피를 붙였고, 눈언저리는 먹으로 표시하고 위, 아랫눈썹은 섬세하게 그렸다.

눈의 길이 6cm, 너비 2.5cm. 흰자위는 함석으로 만들고, 직경 2cm의 눈동자는 뚫렸다.

코는 따로 만들어 붙였고 길이 5.5cm, 높이 4cm, 너비 4.5cm이다. 콧수염은 팔(八) 자로 되어 길이 25cm, 턱수염은 33cm이며 입술은 적갈색으로 칠하고 길이 8cm이며 2.5cm 정도로 벌리고 있다.

귀는 없다. 의상은 흰 도포에 흰 술띠를 맸으며 갓을 쓰고 미투리를 신었다. 등에는 짚신을 매단 보따리를 지고 부채를 들었다.

10) 할미

바가지로 만든다. 적갈색 바탕에 놀란 눈에 콧구멍이 뚫리고 입은 오른쪽으로 비뚤어졌으며 귀는 없다.

길이 29cm, 너비 22cm로 동래 가면으로서는 개성이 강한 탈이다. 눈썹은 길이 6cm, 너비 1.5cm의 반달형인데 먹으로 예쁘게 그렸다.

눈 언저리는 먹으로 그렸으며 길이 8cm, 너비 4cm이며, 흰자위는 흰색으로 칠하고 직경 2.5cm의 눈동자는 뚫렸다. 코는 길이 7cm, 높이 2cm, 너비가 5cm나 되며 콧구멍 하나가 크게 뚫렸는데, 흰 콧물이 흐르고 있어 촌스럽다. 입은 왼

할미 탈.

쪽 코밑에서 오른쪽 아래로 비뚤어졌고, 길이는 11cm이며 4cm로 벌렸는데, 윗니 1개, 아랫니 1개가 희게 보인다. 의상은 희고 짧은 저고리와 동정과 끈동, 고름은 남색이다. 연한 회색 치마를 배꼽노리에 입었기 때문에 가슴 밑에서 배꼽까지 맨살을 드러내고 있다. 미투리를 신고 있으며 굽은 지팡이를 짚었다. 때로는 쪽박과 짚신을 차기도 한다.

11) 제대각시

바가지로 만든다. 미색 바탕에 눈·코·입이 곱게 만들어지고 귀는 없으며 양 볼에는 연지를 직경 3cm로 동그랗게 찍었다. 높이 25.5cm, 너비 20cm이다. 이마 위 머리 한가운데 8cm의 가리마를 타고 양쪽은 검은 먹칠을 하였다. 눈썹은 길이 8cm, 너비 0.5cm의 초생달같이 가늘게 갈색 지점토(紙粘土)로 붙였고 눈언저리는 갈색으로 그렸으며, 흰자위는

제대각시 탈.

은색이고 동자는 길이 2.5cm, 너비 1.5cm로 뚫렸다. 입은 길이 5cm, 너비 2.5cm로 벌리고 연지를 발랐다. 탈보는 없다. 의상은 황색 삼회장(三回裝)저고리로 동정·끝동·곁막이·고름은 붉은 색이며, 붉은 치마를 입었다. 머리에는 황·적·녹색의 조화(造花) 5개가 붙은 고깔을 썼고, 흰 고무신을 신었다.

12) 기타

영노 과장의 비비양반은 원양반 또는 넷째 양반 가면을 대용한다. 영노탈은 없어 검은 보자기를 쓰고 등장한다. 이밖에 동래야류에 등장하는 인물로는 의원 1명, 봉사(奉事) 1명, 무당 1~5명, 명정기수(銘旌旗手) 1명, 상도꾼(喪徒軍) 8명, 악사 13명으로 설쇠 1, 종쇠 1, 설장구 1, 종장구 3, 설북 1, 종북 3, 징 2, 호적 1명이다. 그리고 동래야류 표지기수 1명이 동원되나 이들은 가면이 없다.

의원은 흰 두루마기에 갓을 쓰고 미투리를 신었으며 턱수염을 달고, 침통(鍼筒)을 가졌다. 봉사는 흰 두루마기에 갓을 썼는데 갓을 썼다기보다 갓끈으로 달아맸으므로 머리를 흔들면 뱅뱅 돌아간다. 긴 턱수염을 달고 미투리를 신었다. 북을 메고 지팡이를 짚었다. 상도꾼은 흰 옷에 미투리를 신고, 종이 고깔 또는 두건을 쓰며 상주는 삼베 상복에 굴건을 쓰고 상장(喪杖)을 짚는다. 악사들은 흰색 또는 흰색 두루마기를

(왼쪽) 비비양반탈.
(오른쪽) 영노탈.

입고 미투리를 신고 머리에는 황·적·녹색의 조화 5개가 달린 종이 고깔을 쓴다. 동래야류 표지기수는 악사의 복장과 같거나, 검은 쾌자를 입기도 한다. 기타 도구로는 상여이다. 일반적으로 상여는 12인이 매지만, 동래야류 상여는 8인용으로 축소 제작한 것으로 화려한 꽃상여로 장식한다. 명정기는 붉은 천에다가 유인청송심씨지구(儒人靑松沈氏之柩)라 적었다.

의원과 봉사는 가면이 없다.

상여꾼과 영감의 상복.

5 동래야류의 양식 137

2. 무용

　동래야류에서 추어지는 춤을 총칭하여 덧배기춤으로 칭한다. 경상도 덧배기춤을 덧보기춤, 덧백이춤, 떨백이춤이라 한다. '덧'이란 말은 본래의 것에다 또 하나를 겹치거나 덧붙인다는 뜻으로 쓰여지고 있는데 덧문, 덧버선, 덧저고리, 덧니 등 이중적이거나 과장된 성격을 띠고 있다고 할 수 있다. 한편 '덧'이라 함은 '덧내다', '덧나다' 하여 '잘못 건드려서 병이나 노여움이 더해지다', 흠 또는 상처를 내다는 뜻으로 사용되고 있는데 이는 어떤 상태가 갑자기 악화되었을 때를 일컫는 말이기도 하다. 그렇다면 덧이란 원래의 것에다 또 하나를 더한 상태와 갑자기 병이 더해지거나 고장으로 악화된 상태의 두 가지 내용을 지니고

춤추고 있는 양반.

있다고 하겠다.

한편 덧이란 탈이라는 말과도 같은 뜻을 갖기도 하는데 갑자기 배가 아팠을 때도 배탈이 났다고 하여 정상적인 상태에서 탈선이 되었을 때도 탈이 생겼다고 말하고 있다.

이렇듯 '탈났다'는 말의 뜻은 '악귀신으로 인하여 생기는 '병' 또는 '탈'이라고 하여 이 탈을 물리치기 위하여 주술로서 사용하던 것을 탈이라 하게 되었다고 한다. 따라서 덧을 나(儺)로 해석하여 이를 즐겁게 해주고 달래어서 축원을 하는 뜻으로 풀이하고 있다.

굿거리 장단에 맞추어 추는 이 덧배기춤은 비교적 동작이 큰 편이나 모나지 않고 둥글며, 무릎 굴신과 어깨춤이 다른 춤에 비해 강조되어 있다. 또한 한번씩 크게 배기면서 무릎으로부터 말아 올려 어깨로 물결치듯 풀어 내는 듯한 형태로서 넓은 포용력과 여유 있음이 춤의 맥락 속에 흐르고 있다.

3. 음악

동래야류의 악기 편성은 꽹과리 2, 장고 4, 북 4, 징 2, 태평소 1로 구성되어 있다. 장단은 굿거리와 자진모리가 쓰인다. 굿거리와 자진모리는 동래야류뿐만 아니라 동래 학춤과 동래 지신밟기에서도 중요한 장단으로 쓰이고 있다. 이 두 장단이 이들 놀이의 중추가 되는 중요한 장단이라 말할 수 있겠다. 원래 한국 전통음악의 대부분은 장고가 장단을 치면서 음악을 이끌어 가는데, 농악에서는 꽹과리가 장단을 주도한다.

정형화된 꽹과리 리듬형을 장단이라고 하고, '쇠가락'이라고도 한다. 장단과 가락을 혼용해서 쓰기도 하고 두 장단일 때는 가락이라고도

과장	장단
군무의 장	굿거리-자진모리
제1 문둥이 과장	굿거리-자진모리
제2 양반 과장	굿거리-자진모리-굿거리-자진모리
제3 영노 과장	굿거리
제4 할미 영감 과장	굿거리-굿거리

하여, 장단과 가락을 구분하기도 한다.

　동래야류에서도 꽹과리가 가락을 주도하는데 다양한 변화형으로 가락을 이끌어간다. 꽹과리가락 즉 쇠가락은 각 과장의 상황이나 동작 그리고 춤 등과 관계 있다고 하겠으며 처음에는 가락, 그리고 장단을 맺

동래야류의 악사.

을 때 치는 가락 등이 정해져 있는 것을 알 수 있다.

각 과정별 장단의 구성은 대개 굿거리로 시작하여 자진모리로 이어지는데 각 과장별 장단구성은 다음과 같다.

4. 과장별(科場別) 춤사위

1) 군무(群舞) 과장

원양반을 선두로 차양반, 모양반, 넷째양반, 종가도령, 영감, 할미, 각시, 봉사, 문둥이, 말뚝이의 순으로 놀이마당으로 나오는데 먼저 자진모리 가락에 맞추어 등장한다.

놀이판을 한바퀴 돌면서 나름대로 신명나게 춤을 추다가 굿거리 장단으로 바뀌면서 덧배기춤이 시작된다. 자기 개성대로 즉흥적인 춤사위를 만들면서 자유분방한 멋으로 덧배기를 춘다. 이때는 군무로 형성되어 둥그렇게 원을 그리며 추는데 각기 다른 춤사위로서 놀이판을 시계 반대 방향으로 전원이 돌아가면서 추는 데도 산만하지 아니하고 오히려 조화스럽고 풍부한 멋과 맛이 있다.

그리고 한동안 춤을 추다가 원양반이 '좋다…' 라는 긴 추임새를 하면 꽹과리가 배김사위를 위해 몰아치는 잔가락에 맞추어 '좌우활개사위'를 1장단 행한 후 똑같이 힘차게 배긴다. 배긴 후 각자가 서서히 풀어서 다시 자기 춤을 춘다.

이렇게 군무를 추다가 한 번씩 똑같이 배기고 다시 풀어 주는 형태로서 덧배기춤을 추다가 다시 자진가락 장단으로 바뀌면 전원이 등장했던 차례 대로 놀이판을 한 바퀴 돌아서 퇴장한다.

2) 문둥이 과장

이 과장은 한국 가면무극 중 단지 경남 지역의 야류와 오광대에서만 볼 수 있는 지역성이 두드러진 독특한 춤의 형식을 지니고 있다. 문둥병은 경상도 지방에서 주로 많았고, 그래서 '경상도 문둥이'란 말도 있거니와 이 문둥병은 추운 지방에서는 거의 찾아볼 수 없는 병으로 열대성 지역에서 대부분 발생되는 불치의 피부질환이다. 경상도 지방에서 나병 환자가 많이 발생되었던 원인도 열대성적 지역성 때문이며 문둥이 또한 인간이기에 자연 발생적으로 춤이라고 하는 본능적 행위가 이루어질 수 있다. 특히 동래야류의 문둥이춤은 다른 지역의 문둥이 과장에 비해 극적 요소가 거의 없으며 시종 춤으로 시작하여 춤으로 마치는 춤판으로 동래가 춤의 고장이라는 것을 이 문둥이춤에서도 느낄 수 있다.

흰 평복(바지·저고리)에 색조끼를 입었으며 버선을 벗은 채 짚신을 신었다. 동래춤은 원래 덧배기춤에 배김사위가 으뜸이다. 무릎 놀림과 어깨춤이 다른 지방의 춤사위보다 풍만한 멋을 지니고 있으며 무릎으로부터 멋을 풀어 어깨로 뽑아 굽이치는 듯한 힘을 가지고 있다. 역시 동래 문둥이춤도 다른 지방 춤에 비해 배김사위가 특이하며 앞배김과 뒷배김으로 형태도 다양하다. 처음 큰 문둥이가 왼손에 소고를 들고 오른손에 북채를 든 채 얼굴을 소고로 가리고 굿거리 장단에 맞춰 비틀거리며 등장하여 자빠지기도 하고 누워서 뒹굴기도 하면서 손가락을 오그린 채 덧배기춤을 신나게 춘다. 음악 가락이 자진가락으로 바뀌면서 작은 문둥이가 등장하여 두 문둥이가 서로 어우러져 소고춤을 한 바탕 추고 퇴장한다.

이 동래 문둥이 과장은 1936년 일제(日帝)의 탄압으로 동래야류가 중단되고, 1962년 경에 다시 동래야류가 연희되었는데, 이때는 양반과장과 할미 과장만 연출되었으며 문둥이 과장은 연희자가 없었으므로 중단되었다. 그후 1965년 중요무형문화재 제18호로 지정되었을 때 문둥이 과장은 부재로 인하여 계속 중단되어 오다가 1973년에 고(故) 신우언(辛祐彦, 동래야류 연희 기능보유자) 씨와 문장원(동래야류 원양반 기능보유자)씨의 고증과 지도에 의해 재연되어 현재에 이르고 있다. 동래 문둥이 춤사위는 동작이 완만한 동래 덧배기춤이 그 바탕이다. 문둥이라는 특색으로 그 개성이 뚜렷하며 비틀사위·손목꺾기·뒹굴사위·코풀사위·겨드랑사위·디딤사위·근질사위·배김사위(앞배김새, 뒷배김새, 겨드랑배김새), 소고춤 등이 대표적인 춤사위로 꼽을 수 있다. 그리고 즉흥적인 멋이 강조되기 때문에 장단 및 춤사위가 일정하지 않는 것이 특징이다.

①비틀사위

왼손에 소고를 들고 오른손에 소고채를 잡고서 소고로 얼굴을 가린 채 무릎을 떨면서 비틀거리며 놀이판으로 나오는 춤사위다.

②손목꺾기

소고를 들고 추는 경우와 맨손으로 양 손가락을 오그린 채 추는 경우가 있다.

③뒹굴사위

자빠져서 혼자 뒹굴 때와 두 문둥이가 뒤엉켜서 좌우로 뒹굴 때의 두 종류가 있다.

이 춤사위는 동래 문둥이 춤에서만 행해지는 독특한 무태(舞態)로써 옛부터 동래 지방에 있었던 '요동춤' 및 '요보지춤'과 함께 성행위의 노골적인 춤사위라 할 수 있다.

④ 코풀사위

양 손가락을 오그린 채 손등을 비벼서 손등을 친 후 양손으로 차례로 코를 닦는 춤사위다.

⑤ 디딤사위

동래 문둥이춤에서만 행해지는 춤사위다. 같은 발 같은 손으로 앞으로 나아가는데 마치 수레바퀴가 돌아가듯 원을 그리며 걸어가는 춤사위다.

⑥ 겨드랑사위

양팔을 차례로 접었다, 풀어 주는 동작인데 밑으로 풀어 줄 때는 반드시 겨드랑을 스치는 듯하면서 풀어 주는 춤사위다.

⑦ 근질사위

몸을 긁는 흉내를 내는 동작인데 장단에 맞추어 추면서 근질기 때문에 문둥이춤의 특이한 무태이다.

⑧ 깨금질사위

양팔로 허리를 감았다, 풀었다 하면서 앞으로 뛰어가는 춤사위다. 이 춤사위는 배기기 직전이나 코풀사위를 할 때 주로 행한다.

⑨ 배김사위

동래야류의 춤 중에서 가장 대표되는 춤사위로 어느 과장에서나 이 배김사위를 주축으로 하여 모든 춤사위가 형성되어 있다. 춤을 추다가 한 번씩 맺어 주는 기능을 갖는데 마당춤이기 때문에 동작이 강하며 뛰어서 땅을 내려 누르듯이 힘찬 동작이다.

이 배김사위는 세 가지 종류가 있는데 앞으로 배길 때는 앞배김새라 하고 뒤로 배길 때는 뒷배김새라 하며 앞으로 배기되 한 손을 겨드랑이에 붙이면서 배길 때는 겨드랑배김새라 한다.

⑩ 소고춤(상대춤사위)

소고춤은 농악에서 주로 행해지고 있는데 특히 문둥이 과장에서 이 소고춤을 추는 것은 주목할 만하다. 동래뿐 아니라 통영·고성오광대도 문둥이춤에 이 소고춤이 있다. 불구의 몸짓과는 대조적으로 건강한 춤의 상징인 이 소고춤을 신나게 추는 것은 오히려 역설적인 표현이라 여겨진다. 춤사위 역시 즉흥적인 멋이 강조되나 특히 상대 춤사위는 동래 문둥이춤의 개성과 특징을 더욱 돋보이게 하고 있다. 두 문둥이가 서로 마주 보고 상대 춤사위를 행할 때면 꽹과리 장단도 함께 리듬을 맞추면서 소고놀림과 삼위일체가 된다.

3) 양반 과장

(1) 양반춤

이 과장은 원양반·차양반·모양반·넷째양반·종가도령 등 다섯 양반들의 춤과 말뚝이춤이 쌍벽을 이룬다. 종가도령을 제외한 네 양반들의 춤은 전형적인 동래 한량춤으로 굿거리 장단에 덧배기춤인 것이다. 이때 원양반의 춤에는 말뚝이와의 대무(對舞)가 일품으로 두 사람이 서로 마주 보고 덧배기춤을 흥겹게 추는데 원양반은 사선을 들고 추는 점잖은 한량춤의 형태이다. 반면 말뚝이는 말채를 휘두르며 껑충거리는 건무(健舞)의 형태이다.

이렇게 두 사람이 춤을 추어 나가다가 똑같이 마주 보고 맺어 주는 멋진 배김사위는 동래야류에서만 볼 수 있는 장관인 것이다. 단지 종가도령은 춤사위는 비슷하나 다소 경망스럽고 방정맞게 춤을 추는 것이

다르다. 또한 모양반춤은 비록 양반이나, 개털 가면을 쓰고 익살스러운 멋을 가미하여 무릎을 많이 움추리며 반쯤 앉은 형태에서 덧배기춤을 추는 것이 조금 다르다.

모양반은 별명으로 '두룽다리' '개잘량' 이라 한다. 양반 과장의 셋째 양반으로 품행이 단정하지 못한 어미를 두었다는 뜻으로 개를 상징하여 엎드려 네발걸음을 하며 등에는 종가도령을 태우고 개처럼 기어가는 모양새는 동래야류에서만 볼 수 있는 특이한 형태이다. 덧배기춤은 일정한 형식이 없이 항상 즉흥적으로 춤사위를 만들면서 추기 때문에 정확하게 순서가 짜여져 있지 않다. 이 과장에서 볼 수 있는 춤사위는 활개짓 뜀사위 · 일자사위 · 돌림사위 · 소쿠리춤사위 · 소매걸움사위 · 좌우활개사위 · 배김사위(앞배김새, 뒷배김새, 겹배김새), 풀이사위 등이다.

① 활개짓 뜀사위

오른손에 부채 또는 사선(紗扇)을 들고 양팔을 너풀거리며 놀이판으로 뛰어 들어오는 춤사위다. 이때 장단 수는 제한되어 있지 않으며 놀이판에 따라서 다소간 가감이 되고 있다.

② 일자사위

동래 덧배기춤의 기본형으로 양팔을 옆으로 벌린 채 장단에 맞추어 제자리에서 우쭐거리기도 하고 앞으로 걸어 나가기도 하며 돌기도 한다.

③ 돌림사위

돌면서 추는 춤사위로 양팔을 옆으로 벌린 채 박자마다 한 번씩 도는 경우도 있고 빠른 회전으로 돌 때도 있다. 또한 발을 내어 딛지 않고 제자리에 선 채 우쭐거리며 도는 경우도 있다. 이때 팔은 자유형이나 일자사위를 많이 취한다.

④ 소쿠리춤사위

양팔을 어깨 위로 올려서 마치 머리 위에 이고 있는 소쿠리를 받치고 있는 무태를 하고 걸어가는 춤사위다. 이 춤사위는 덧배기춤에서도 특히 양반춤에서 찾아볼 수 있는 비교적 점잖은 춤사위로 볼 수 있다.

⑤ 소매걷움사위

소매를 잡거나 걷어올리면서 우쭐거리는 춤사위다. 한쪽만 걷어올리며 몸을 돌려주는 경우도 있고 양쪽을 차례로 걷어올리는 경우도 있다.

⑥ 좌우활개사위

양팔을 벌려서 차례로 어깨 위로 올렸다 내렸다 하는 동작이다. 이때 발을 땅에다 붙이고 제자리에서 행하는 경우도 있고 발을 매 박자마다 옮겨 놓으면서 행하는 경우도 있으며 주로 배김사위 직전에 앞 동작으로 반드시 행한다.

⑦ 배김사위

이 배김사위는 덧배기춤에서 반드시 행해지는 군무(群舞)일 경우 각자가 자기 멋대로 즉흥적으로 추다가 춤이 고조될 때 원양반이 '좋다'라는 긴 추임새와 함께 상쇠의 꽹과리 장단이 배김사위를 위해 몰아치는 리듬에 맞추어 양반들은 역동적으로 좌우활개사위를 1장단 행한 후 상쇠의 매듭장단에 맞추어 일제히 힘차게 꽉 배긴다.

이 배김사위는 마치 일을 하다가 매듭을 짓는 작업과도 같은 이치로 볼 수 있는데 덧배기춤은 춤을 추어 나가다가 한 번씩 배기고 또 풀어주면서 리듬의 변화를 합리적으로 전개하여 나간다. 이 배김사위를 뒤로 배길 때는 뒷배김새 두 번을 연거푸 배길 때는 겹배김사위라고 한다.

⑧ 풀이사위

배김사위를 행한 후 그 반대쪽으로 돌면서 풀어 주는 춤사위다. 왼쪽으로 돌 때는 왼발을 들고 돌고 오른쪽으로 돌 때는 오른발을 들고 돈다.

(2) 말뚝이춤

춤의 바탕은 동래 덧배기춤 계통으로 단지 말뚝이는 그 신분이 상민층으로 그 기에 부합되는 춤사위의 형태로 그 개성이 강하게 형성되어 있다. 양반춤과는 대조적으로 해학적인 재담과 몸짓 속에 특히 성적(性的) 자극을 야기시키는 춤의 형식이 많으며 말뚝이가 말채를 휘두르며 원양반과의 대무(對舞)하는 모습은 양반의 앞인데도 오히려 당당하면서 도도하다.

춤사위는 주로 양발을 깨금질하면서 무진(舞進) · 무퇴(舞退) · 회무(廻舞)하는데, 말뚝이춤은 안정감을 유지하면서 도약적인 춤사위가 대부분이다. 배김사위를 행할 때도 양발을 항상 앞뒤로 갈라지게 하여 두 무릎을 많이 굽히고 우쭐거리기 때문에 위엄과 거만함이 함축되어 나타나고 있다. 이 말뚝이 춤사위는 휘두름사위 · 깨금질사위 · 울러멘사위 · 겨드랑사위 · 배김사위 · 풀이사위 등이 주류를 이루며 즉흥적인 춤사위로 놀이판을 압도하는 힘을 가지고 있다.

① 깨금질사위

말뚝이 '춤사위는 원래 껑충거리며 뛰어다니면서 춤을 춘다'라고 전해 오고 있다 양반춤은 발디딤을 완만하게 디디며 앞으로 나아가거나 돌면서 우쭐거리는데 말뚝이는 좀 강하게 발을 딛기 때문에 껑충거리게 된다. 이 껑충거리며 앞으로 나아가거나 도는 동작을 이때 양팔은 자유형이나 주로 말채를 상하 또는 좌우로 휘두르는 형태를 많이 한다.

② 휘두름사위

말뚝이가 말채를 머리 위로 휘두르며 춤추는 동작이므로 이 휘두름사위는 크게 두 가지 형태가 있다. 느린휘두름사위와 자진휘두름사위로써 느린휘두름사위는 양쪽 발을 일정하게 고정시켜 놓고 상체만 우쭐거리며 한 장단에 말채를 한 바퀴만 머리 위를 천천히 휘두르며 우쭐거린다. 이때 왼쪽 발에다 몸의 중심을 두고 상체를 왼쪽으로 비스듬히 하고서 천천히 오른손으로 말채를 머리 위로 돌리는데 마치 살풀이춤의 머리사위와 비슷한 형태로 볼 수 있다.

③ 자진휘두름사위

제자리에 서서 몸을 우쭐거리면서 한 장단에 말채를 두 번 이상 휘두르면서 껑충거리기도 하고 발을 옮겨 놓으며 앞으로 나아가거나 돌기도 하고 발을 옮겨 놓으며 앞으로 나아가거나 돌기도 하면서 말채를 자주 돌려주는 춤사위다.

④ 울러멘사위

말채를 머리 위로 돌려서 어깨에 둘러메고 왼손이 말채 끝을 붙들고 우쭐거리는 춤사위다. 이때 발디딤은 제자리에 고정시켜 놓고 어깨춤으로 우쭐거리기도 하고 즉흥적으로 전후 좌우로 움직이면서 추기도 한다.

⑤ 배김사위

말뚝이춤의 배김사위는 양반춤의 배김사위와 비슷하지만 팔놀림이 좀 다르다. 양반춤은 도포를 입었기 때문에 1박에 뛰어 2박에 한 쪽 손으로 도포의 홍태기를 걷어올리거나 양팔을 소쿠리춤사위 형태로 취하면서 3박에 콱 배기지만, 말뚝이는 도포를 입지 않았을 뿐만 아니라 말채를 들었기 때문에 1박에 뛰어 2박에 가서 말채를 어깨에 울러메면서 3박에 콱 배기는 것이 서로 다르다.

⑥ 겨드랑사위

겨드랑배김사위를 행한 후 말채를 왼쪽 겨드랑에 넣었다 뽑았다 하면서 익살을 부리는 춤사위다. 이때 두 무릎을 엉거주춤하게 굽히고 우쭐거리며 괴상하게 생긴 커다란 말뚝이 탈을 좌우로 돌려가며 추는데 무척 해학적인 춤사위다.

4) 할미 과장

(1) 영감춤

양반과장에서 행해지는 모든 덧배기춤과 동일한 형태의 춤을 춘다. 단지 복식이 좀 초라할 뿐 양반의 체통을 살리면서 풍류와 멋을 아는 가장 인간적인 춤으로써 동래 한량춤이 바로 영감춤으로 옮겨진 상태라 볼 수 있다.

춤사위 역시 배김사위를 주축으로 하여 일자사위, 좌우활개사위, 돌림사위, 소매걷움사위 등을 많이 행한다. 춤사위의 무작과장은 양반과장의 춤사위와 동일하다. 한데 영감춤은 놀이마당을 크게 돌면서 부채를 펴 사방을 살피며 추는 것이 특징이다.

(2) 할미춤

할미춤은 양반춤의 격조 있는 춤태와는 대조적으로 상스러운 형태의 춤 형태를 지니고 있다. 특히 동래야류의 등장 인물 중에 여자 역할로만 할미와 각시뿐으로 각시는 고운 여자의 자태를 나타내고 있는 춤을 추나 할미는 비록 여자이지만 가장 초라한 몰골을 강조하는 형태의 춤사위를 행한다.

허리와 배꼽을 완전히 드러내고 초라한 복식과 구부러진 지팡이를 짚었으며 거무죽죽한 탈을 쓰고 초라하고 피로한 기색으로 몸을 긁기도 하고 이를 잡기도 하면서 등장하여 놀이판을 한 바퀴 돌면서 갈지자 걸음으로 춤을 추는데, 가끔 영감을 부르며 악사석을 향하여 영감의 행방을 묻기도 하면서 즉흥적인 표현으로 관객의 흥을 돋구기도 한다.

이 할미춤도 역시 익살과 그리고 성적 행위를 나타내는 형태의 춤사위가 대부분이며 특히 여인들이 오줌을 누는 모습을 노골적으로 묘사하고 있어 익살스러울 뿐만 아니라 특히 엉덩이춤은 할미춤만의 독특한 모양새를 나타내고 있다.

그러므로 할미춤은 사실적인 표현의 춤사위와 성적 표현의 몸짓이 주류를 이루고 있음이 특징이다.

이 할미춤사위를 그 종류별로 나누면 일자걸음새, 뜀걸음새, 갈지자걸음새, 엉덩이춤새, 얼굴다듬새, 오줌누기, 탄식태 등으로 구별할 수 있으며 할미와 영감이 함께 추는 대무(對舞)로 뒤로 보고 얼르기, 입맞추기, 요동춤 등이 있다.

① 일자걸음새

양쪽 팔을 옆으로 벌리고 오른손에는 지팡이를 든 채 할미의 특이한 걸음걸이(앞으로 내어 딛는 발에다 몸의 중심을 강하게 주면서 무릎 굴신을 취하는 형태)로 몸 전체를 아래로 내려 찍는 듯이 걸어 나오는 춤사위라 할 수 있다.

일반적으로 여자춤의 걸음걸이는 사뿐사뿐 걷는 형태가 보통이지만 할미춤의 걸음법은 좀 강하고 경박한 인상을 주나 모나지 않고 둥글며

멋스러운 춤태를 갖고 있음이 특이하다.

② 뜀걸음새

양쪽 팔을 앞으로 벌려서 상하로 너풀거리며 앞으로 뛰어 나가는 춤사위다. 이 뜀걸음새는 다른 지방의 할미춤에는 찾아볼 수 없는 동래야류의 할미춤에만 볼 수 있다.

동래야류의 양반춤과 동래학춤 등에는 이 춤사위가 주종을 이루고 있으며 춤폭이 크고 여유 있는 동래 지방의 특성이 잘 나타나 있는 춤사위다.

③ 갈지자걸음새

걸음새가 지(之)자 모양으로 걷는다고 해서 갈지자걸음새라 한다.

이러한 걸음법은 성격이 해학적이거나 그 품성이 미천한 여성무에 흔히 행해지고 있는 춤사위로 엉덩이춤과 함께 서민층 여인들의 특징적인 춤사위라 할 수 있다. 이 춤새는 해서가면무극(海西假面舞劇)의 미얄할미, 그리고 야류·오광대 가면무극의 할미광대(통영), 큰어미(고성), 할미(수영) 등도 공통적으로 이 춤사위를 행하고 있다.

④ 엉덩이춤새

이 춤사위는 갈지자걸음새와 비슷한 형태이나 엉덩이를 몹시 흔드는 것이 좀 다를 뿐이다. 엉덩이를 흔들면서 걸어가기도 하고 제자리에 서서 흔들기도 하며 돌면서 흔들기도 한다.

이 춤사위도 갈지자걸음새와 함께 한국 가면극의 모든 할미춤에서 공통적으로 볼 수 있다.

⑤ 오줌누기

이 오줌누기는 춤사위라기보다는 몸짓의 일종으로 할미춤에서는 빼놓을 수 없는 해학적인 장면이다. 또한 할미춤과 각시춤에는 순수한 춤사위와 함께 이 오줌누기와 같은 몸짓, 즉 판토마임적인 동작이 곁들여 춤의 범주를 형성하고 있음이 주목할 만하다.

⑥ 얼굴다듬새

야류·오광대 계통의 할미춤에는 이 장면이 공통적으로 행해지고 있는데 이 역시 순수한 춤사위가 아닌 몸짓의 일종으로 춤과 마임의 복합체를 이루고 있다.

⑦ 탄식태

이 동작도 위의 오줌누기·얼굴다듬새와 함께 몸짓의 일종으로 할미의 한스러운 인간상을 해학적으로 표현하였다. 땅바닥에 주저앉아 가슴을 치면서 탄식하는 형태와 지팡이를 잡고 땅을 치는 형태가 있다.

⑧ 뒤로 보고 얼르기

이 춤사위는 동래야류에만 볼 수 있는 특이한 춤사위다. 할미와 영감의 대무 중에서 서로 등을 맞대고 선 채 좌우로 차례로 몸을 돌리면서 서로 찾는 시늉을 하는 형태인데 해학적인 멋이 담긴 춤사위다.

⑨ 입 맞추기

영감과 할미가 어깨맞이를 하면서 얼르다가 할미가 갑자기 영감의 입을 맞추는 동작인데 단순한 몸짓으로 처리하지 않고 시종 장단에 맞추어 춤을 추면서 이 동작을 행한다.

⑩ 요동춤

이 춤사위는 남녀간의 성행위를 풍자적으로 표현하는 동작으로 할미 과장에서는 빼놓을 수 없는 장면이다.

원래 요동춤이란 옛부터 동래 지방의 놀이판 또는 기방에서 장끼춤으로 추어졌다고 하는데, 한 사람 또는 두 사람의 춤꾼이 하체를 몹시 흔들면서 추는 성행위를 묘사한 춤으로 알려졌으나,

춤의 특이성 때문에 이제는 그 전승이 끊어져 지금은 흔적을 찾아볼 수 없다. 단지 그와 비슷한 형태의 흔적이 동래야류의 할미 과장에서 엿볼 수 있다.

⑪ 시샘하기

영감, 각시가 마주보고 얼르면서 춤을 추는데 할미가 그 사이에 들어가서 영감과 각시 사이를 떼어 버리는 형태로써 춤과 마임의 혼합체라 할 수 있다.

(3) 각시춤

각시춤은 그 명칭에서부터 알 수 있듯이 예쁘고 고운 자태를 표현하는 이미지를 지니고 있다. 남장 여인이라는 특수성 때문인지 각시의 유연하고 얌전한 자태가 오히려 역설적으로 느껴지면서 흥미와 호기심을 자아내게 하는 별스러움을 보여준다.

대체로 춤사위는 무릎 굴신을 많이 하면서 양팔은 유연하게 놀리며 겨드랑사위를 주로 행한다.

각시춤사위를 그 형태별로 분류하면 일자걸음새, 활개접음새, 자진활개접음새, 겨드랑사위돌림새, 울음새, 손잡고얼르기 등으로 크게 나눌 수 있다.

① 일자걸음새

양쪽 팔을 일자(一字)처럼 벌리고 발의 디딤은 여자춤 특유의 사뿐사뿐하고 가벼운 걸음걸이의 형태로 앞으로 나오면서 추는 춤사위다.

② 활개접음새

한 팔은 치마를 살짝 잡고 한쪽 팔은 들어서 어깨 위에 접어 주는 동작으로 우리 나라 춤에 어떤 유형이나 종류에도 이 춤사위가 빠지면 춤이 성립되지 않을 정도로 공통적으로 행해지고 있는 춤사위다.

③ 자진활개접음새

활개접음새와 유사한 동작으로 한 장단에 양쪽 팔을 번갈아 가면서 각각 한번씩 어깨 위에 접어 주는 춤사위다.

④ 겨드랑사위

양팔을 동시에 동작하는데 한쪽 팔은 어깨 위로 접어 올리고 다른 쪽 팔은 겨드랑 쪽으로 접어 주는 형태의 춤사위다. 이 동작을 항상 좌우로 행한다. 이 춤사위로 여자춤에는 필히 행해지고 있는 보편적인 춤사위다.

⑤ 돌림사위

춤을 추면서 한바퀴 도는 춤사위다. 제자리에 서서 몸을 굴신하면서 도는 경우가 있고 발을 옮겨 주면서 도는 경우가 있다.

이 춤사위를 동해안 무무(巫舞)에서는 돌머리무관이라고 하는데 남녀춤의 구별없이 포괄적으로 행해지고 있다.

⑥ 손잡고 얼르기

영감 각시의 대무 형태로 어깨동무를 하면서 앞으로 나오다가 제자리에서 두 손을 잡고 다리를 굴신하면서 어르는 동작이다. 이때는 앞의 영감 할미의 대무에서보다도 더 부드럽고 고운 형태로 춘다. 이 춤사위는 다른 지방의 영감 각시의 대무에서 찾아볼 수 없는 형태로 남녀간의 애정 표현을 적극적으로 나타내고 있으며 도시형 가면 무극의 특징을 잘 나타내고 있다.

⑦ 울음새

여성 특유의 몸짓으로 눈물을 흘리며 우는 마임적인 형태를 무용으로 나타낸 동작이다.

이 각시춤의 울음새는 앞의 할미춤에서의 둔탁함과 추함과 대조를 이루고 여성 특유의 연약함과 섬세한 형태의 특징을 가지고 있는 춤사위로 한쪽 팔은 치마를 살짝 잡고 한쪽 손은 옷고름을 잡아 눈물을 닦는다. 이때 다리를 약간 부드럽게 굴신한다.

5. 춤의 특징

1) 문둥이춤

① 동래는 천연 온천을 끼고 있어 풍류객들이 놀이를 즐겼던 부읍(富邑)인 까닭으로 문둥이춤 역시 비교적 부드러운 기교와 세련된 멋을 지니고 있다.
② 문둥이 특유의 몸짓과 재담이 강조되지 않고 오로지 춤으로만 구성되어 있다.
③ 두 문둥이가 서로 상대하면서 소고춤을 추는데 소고춤사위가 특이하다.
④ 뒷배김사위가 특이하며 두 문둥이가 서로 안고 뒹구는 모습은 동래 문둥이춤의 독특한 형태이다.

2) 양반춤

① 춤사위의 폭이 넓고 모나지 않고 둥글며 점잖은 기품이 넘친다.
② 가면을 벗으면 그대로 한량춤이 될 수 있으며 갓을 쓰고 추면 학춤도 될 수 있는 다양성이 있다.

③ 가면무극에서 주류를 이루고 있는 해학성(諧謔性)이 모양반과 종가도령을 제외하고는 거의 없다.

④ 춤사위의 변화가 단조로운 편이나 양반마다 춤사위를 다르게 하여 각자 개성대로 추어나가다가 함께 배기는 형태가 멋이 넘친다.

3) 말뚝이춤

① 건무(健舞)의 전형적인 형태를 지니며 주로 도약하는 형태가 말뚝이춤의 주종을 이루고 있다.

② 해학과 풍자적 요소를 지니면서 익살스러운 춤사위가 대부분이다.

③ 개성이 강하며 춤의 표현이 강렬하여 사실적으로 감정을 나타내는 듯 하면서도 춤사위는 극히 상징적이다.

④ 가면이 크고 험상궂은 모양새로 가장되어 있으며 이 가면을 놀리는 고개짓이 특이하다.

⑤ 성적 표현이 강조되어 있다.

4) 할미춤

① 덧배기춤에서 연유되어 활달한 멋이 있으며 다른 지방 할미춤의 가련하고 지쳐 있는 초췌한 형태의 춤이 아닌 여유 있는 멋을 동반한 춤의 형태이다.

② 동래 할미춤은 성적 자극을 유발시키는 춤사위가 많으며 성적 행위를 노골적으로 풍자한 몸짓이 많음이 주목되는 현상이다.

③ 팔놀림을 많이 하지 않고 단순한 몸놀림이지만 지루하지 않고 오히려 홍을 돋구게 한다.

5) 각시춤

① 경상도 굿거리춤의 형태로써 전형적인 여성무다. 춤사위는 곱고 유연하게 추나 남장 여인이어서 다소간 춤태가 어색한 듯 나타내고 있음이 이색적이다.

② 영감과 함께 손잡고 얼르는 상대무가 특이하다.

③ 해학적인 표현이나 개성 있는 몸짓을 찾아볼 수 없고 순수한 춤으로만 시종 행한다.

6 동래야류의 전승 현황

　동래야류는 1930년대 중엽까지 성행하다가 소멸되기 시작했으며 1960년대에 재개, 부흥되어 오늘에 이른다.
　박덕업, 신우언, 노진규, 이남선은 야류의 옛놀이꾼으로서 1960년대 이후의 재기와 부흥운동에 선구적 역할을 했다.
　그 이전에는 1910년대 중엽 신흥계(信興契)에 이어 망순계(望筍契)가 주동이 되어 놀이를 이끌어 왔다. 망순계는 30년대 일제의 탄압으로 해체되었다. 1945년에는 청년들이 중심이 되어 남우회(南友會)를 조직하게 이른다. 이 조직은 망순계의 선례를 이어서 봄·가을 놀이인 불상추놀이를 목적으로 발족한 것이지만 야류를 재기시키기 위해 1946년 정월 지신밟기를 하여 기금을 모아 그 기금으로 3.1절 탈놀이를 펼쳐 주민들의 큰 호응을 받았다. 이때의 사정은 박덕업, 노진규, 문장원 등의 증언으로 천재동, 정상박이 조사하였다. 그 당시 지신밟기와 야류에 참여한 사람은 다음과 같다.
　지신밟기에는 송채환, 문장원, 이장호, 이규태, 조덕준, 이남선, 노진

문장원.

천재동.

양극수.

규, 이성렬이 참가하였다. 탈놀음에는 유봉규, 총무에 황기수, 말뚝이 역 김기각, 원양반 역 이규삼, 차양반 역 이건일, 영감 역 김용우, 할미 역 김봉현, 제대각시 역 김경칠, 꽹과리 최덕근, 임봉조, 차덕명, 김다준, 이장호, 박재호, 정기동 등이 출연하였으며, 가면 제작에 이건일, 김용우 등 만들기에는 이건일, 김홍택, 의상에는 김기각 등이 참가했다.

이렇게 복원된 동래야류는 1965년에 길놀이와 양반 과장과 할미, 영감 과장을 재정비하였으며, 같은해 10월 31일 서울 덕수궁에서 열린 제 6회 전국 민속예술경연대회에서 영예의 대통령상과 말뚝이 역인 박덕업씨가 개인상을 수상하였다.

그리고 1967년 12월 12일 우리 나라 중요무형문화재 제18호로 지정되었다. 그 후 1963년 3월 24일에 사단법인 부산 민속예술보존회가 결성 발족하여 1974년 4월 동래의 금강공원에 전수회관을 마련하여 전수자 교육에 힘쓰는 한편 1986년 '동래야류보존회'가 창설되었다.

동래야류의 예능보유자로는 박덕업(말뚝이), 이남선(제대각시), 양세주(악사, 가면 제

이도근.   김경화.   정영배.

작), 노진규(양반), 신우언(연출), 박점실(말뚝이) 선생님들이 지정받았으나 현재에 모두 타계하였다. 지금은 문장원(원양반), 양극수(할미), 천재동(가면 제작) 세 분이 보유자로 활동하고 있다. 그리고 보유자 후보로 이도근(차양반), 정영배(영감), 조교에 김경화(모양반) 등과 함께 50여 명의 이수생·전수생들이 세 분의 보유자를 중심으로 동래야류의 전승 및 보존에 힘쓰고 있다.

동래야류 보존회 회원들.

7 동래야류 연희본

1. 송석하 본(本)

말둑이 재담의 장

본고는 수년 전 문학사 박길문(朴吉文)씨의 알선으로 입수한 순 언문사본 중에서 채록한 것인데, 방언(方言)으로 의미 불통한 것은 대강 보수하였으나, 될 수 있는 대로는 본문대로 두었다. 다만 현재 불용하는 'ㆍ', 'ㆍ'와 및 그와 동론(同論)할 예는 모두 '다' '나' 등으로 고쳤다.

일후(日後) 대사 (각지 가면극급 인형극)의 집취상재(集聚上梓)할 때에 완전을 기하고자 한다.

본 대사를 인용 또는 상연할 때에는 먼저 필자나 본회로 일차 통기(通寄)하여 주면 다행이라고 생각하는 바다.

양 반	소년당상 애기도령 전후좌우 버려서서 말 잡아 장고 매고 소잡아 북 매고 안성맞침 광쇠 치고 운봉내기 징 치고 술 빚고 떡 거르고 차일 깔고 덕석(멍석)치고 홍문연 높은 잔채 항장사 칼춤 출제 이 몸이 한가하야 초당에 비껴 앉아 고금사를 생각하니 이 어떤 제미니를 붙고 금각(의미불명) 담양을 갈 이 양반들이 밤이 맞도록 응박캥캥 하는 소리 양반이 잠을 이루지 못하여 이미 나온지라. 이 사람 사촌.
각양반	어 그래서.
원양반	우리 좋은 목청으로 녜 부르든 말둑이나 한 번 불러 보세.
	(말둑이 발음은 차라리 말둑이라기에 가까웁다-필자 주)
각양반	녜, 그리합시다.
각양반	이놈, 말둑아. (각기 순차로)
원양반	이놈, 말둑이가 본래 거만한 고로 한번 눈도 깜짝 안 할 터이니 이 사람 사촌 우리 좋은 목청으로 한 번 더 불러 보세.
각양반	이놈, 말둑아. (각기 순차로)
말둑이	쉬-엿다, 이 제기를 붙고 금각 담양을 우둥우둥 갈 이 양반들아. 오날이 따따 무리 하니 온갖 김생 다 모았다. 손골목에 도야지새끼 모은 듯 옹당샘(새암)에 실배암이 모은 듯 논두렁 밑에 돌나무셍이 모은 듯 삼도(三道) 네거리 힛둑새 모은 듯 떨어진 중우가래 좃대강이 나온 듯 모도모도 모아가주 말둑인지 갯뚝인지 부르난 소리 귀에 젱젱.
원양반	이 사람 사촌. 이놈, 말둑이 소리가 저 은하수 다리 밑에 모구 뒷다리만침 들리니 우리 좋은 목청으로 한 번 더 불러 보세.

각양반　이놈 이놈, 말둑아.

말둑이　쉬-엿다, 이 제기를 붙이고 금각 담양을 갈 이 양반들아. 이제야 다시 보니 동정은 광활하고 천봉만학은 그림을 둘러 있고 수상부안(水上浮雁)은 지당에 범범(泛泛) 양류천만사는 계류 춘풍을 자랑하제, 탐화봉접은 너울너울 춘흥을 못 이겨서 허늘허늘 넘노난다. 장부 공성신퇴 후에 임천에 초당 짓고 만권시서 쌓아 두고 천금준마 솔질하며 보라매 질들이고 노속불러 거문고 줄 골라 걸어두고 남풍시를 화답할제 강구연월 반성반취 누웠으니, 이 어떤 제기를 붙고 금각 담양 갈 이 양반들아 말뚝인지 갯뚝인지 제 의붓아비 부르듯이 임의로 불렀으니 말둑이 새로 문안 아뢰오.

원양반　이놈 말둑아! 이놈 말둑아! 선타, 복타, 후타, 대면타, 이타 타를 마라. 금쟁반 선수박은 호로이 뻥뻥이요 추풍강상 살얼음은 눈우에 잠간이요 대주먹 평토제는 경각에 하백이라. 너 같은 개똥쌍놈 넙적한 소똥양반이 너 한 놈 죽이면 죽는 줄 알며 살면 사는 줄 알까분냥.

말둑이　엿다, 이 양반아! 아모리 양반이라고 쌍놈 죽이면 아모 일도 없단 말이요.

원양반　이놈 죽이면 귀양밖에 더 간단 말이냥.

말둑이　귀양을 가면 어디어디 간단 말이요.

원양반　길주 명천 회령 종성 진보 청송 이원 단천 꼬사리 망풍 밖에 더 가겠느냐.

말둑이　길주 명천 길주 명천. (각 양반이 춤을 춘다)

말둑이　엿다, 이 제기를 붙고 금각 담양을 갈 이 양반들아. 아모리 쌍놈이라고 이놈저놈 할지라도 말둑이 근본이나 천천히 들어보오.

원양반   그래서.

말둑이   우리 육대 칠대 팔대 구대 십대조는 이미 다 멀거니와 우리 오대조 할아바시 시년(時年)이 이팔에 이음양순사시(理陰陽順四時)하고 승정원에 책문(策文)지어 팔도 선배 불러 올려 제조로 입직할 제 백의로 생원진사하고 참봉으로 감역하야 좌찬성 우찬성 참의 참판 지냇시니(스·이하 준비) 그 근본 어떠하며 우리 사대조 할아바시 치국평천하지술을 가져 삼대조 할아바시 십 오 세에 등과하여 정언으로 대교하여 양사옥당에 규장각 천 놓고 팔도감사 지낸 후에 육조에 승천하야 초헌교 높이타고 파초선 앞세우고 장안 종로로 안안이 다녔으니 그 품이 어떠하여 우리 할아바시 오십에 반부하야 흑각궁 양각궁 둘러메고 무학관 마당에 땅재조하고 상시관(上試官)에 큰 활 쏘아 우등으로 출신하야 선전관 차음하고 좌수영 우수영 남병사 북병사 오군문도대장을 지냈으니 그 근본 어떠하며 우리 아부지는 얼골은 관옥이요 말은 소진장의라 고지(古之) 한신이요 금지영웅이라 옛글에 하였으되 소지자(堯之子)도 불초(不肖)하고 순지라도 불초로다. 내 하나 남은 것이 주색에 호탕하야 그리그리 다닐 망정 저 건너 지질평평하고 와가청제와집에 난간다리 놓고 통개 중문하고 홍문거족 소승상의 자녀질이요.

원양반   이놈 소자(字)는.

말둑이	기화요초 초도 밑에 삼강수 치친점에 오백미 쌀미 밑에 낙양소진이 남각북각 전이라 하오.
원양반	이놈 그자는 반(潘)자어든.
말둑이	게는.
원양반	엿다 이 양반아. 그자는 우리 나라 금강님의 성씨로다. 게 내성자를 찬찬이 들어보오. 바라목댁이란 복자 밑에 후루 개자식이란 자자를 시오.
말둑이	게는.
사대부	좌삼삼 우삼삼 좌홍두께 우홍두께 우홍두객 등 터지고 배 터지고 출내무처불수의란의자로시오.
원양반	이전에는 대들보양자를 시더니마는 남기 점간목에 다 들어 가고 맹자견 양혜왕 양자를 시오 게는. (각 양반이 각각 곁말로 답)
원양반	쉬-이 때가 어느 때고 때마침 삼춘이라 꽃은 피어 만발하고 잎은 피어 절을 짓고 노고지리 쉰질 뛰고 각마 슬피 울고 초당에 앉인 양반 공연히 공동하여 처를 불러 가장을 단속하고 훈장 불러 자여질을 단속하고 모모 친구 통기하야 일호주 담하차로 룡점을 나려가니 주인은 누구든고, 난양공주 영양공주 진채봉 계섬월 백능파 심요연 적경홍 가춘운 모도모도 모아가주 주인은 양반 보고 체면으로 인사하되 나는 그 가운데 뜻이 달라 월태화용 고운 얼골 눈만 들어 잠간 보니 그 마음 어떨소냐.
제양반	꼬라지 꼬라지 얽어도 장에 가고 굶어도 떡해 묵고 성 밑 집에 오구하여 나는 나대로 다녀야 옳단 말이냐.

원양반   쉬-이놈 말둑아 말둑아. 과거 날은 임박한데 너는 너대로 다니고 나는 나대로 다녀야 옳단 말이냐.
말둑이   엿다 이 양반아. 생원님을 찾이랴고 아니간제 없사이다.
원양반   어디 어디 갔단 말이냐.
말둑이   서울이라 치치달아 안남산 밖남산 먹자골 주자골 안동밖골 장안골 등고재 말리재 일금정 이목골 삼청동 사직골 오부 육조 앞 칠간안 팔각정 구리개 십자가로 두려시 다 다녀도 생원님은 하니 내 아들도 없습디다.
제양반   이놈 내 아들이라니. (원양반이 각양반을 훗친 후)
원양반   이놈 내 아들이라니.
말둑이   엇다 이 양반아, 내일까지 찾는단 말이요.
원양반   고자식 생색 있다. 이놈 게만 갔단 말이냐.
말둑이   행여 생원님이 도방에나 계시난지 도방을 썩 들어서서 일원산 이강경이 삼푸주사 마산 오삼랑 육물금 칠남창 팔부산을 두려시 다 다녀도 게도 아니 계시기로 행여 주가나 계시난지 주색가로 석 들어서서 자문주가하처재요. 목동이 요지행화집과 일락서산 황혼되고 월출동령 명월이집과 오동부판 거문고에 타고나니 탄금이집과 주흥 당사 벌매집에 차고 나니 금낭이집과 지재비산(只在此山) 운심(雲深)이 사군불견(思君不見) 반월(半月)이 집을 두려시 다 다녀도 게도 아니 계시기로 행여 본댁에나 계시난지 본댁을 석 들어가니 네 보든 노(로)생원이 계십디다.
제양반   이놈, 노생원이라니.
말둑이   이 양반아, 청노새란 말이오.

원양반 해면 그렇지. 내가 이전 대국사신 들어가서 당오전칠푼 주
고 청노새 한 마리 샀더니 안장을 열두 낱치리고도 발이 땅
에 조ㄹ꺼읏나니라.

말둑이 청노새 청노새.

원양반 그만 찾고 말았단 말이냐.

말둑이 집안을 석 들어가니 칠패칠패 장에 가고 종년 서답 빨래 가
고 도령님 학당 가고 집안이 동공한데 후원 별당 들어가니
만화방창 다 피었다. 기암괴석 늙은 장송 쌍학이 질들이고
도화담수 후원 별당 들어가니 만화방창 다 피었다. 기암괴
석 늙은 장송 쌍학이 질 들이고 도화담수 맑은 물네 금부어
꼬리치고 군왕부귀 모란화는 삼춘을 맡아 있고 만고충신
향일화는 정절을 지켜 있고 한사 방불 동매화는 정치를 품
었으며 홍도벽도 삼색도는 풍류로 놀아나고 청춘소년 석죽
화는 호걸로 놀아나고 절대가인 해당화는 일색태도 자랑하
고 왜철쭉 진달화며 춘색도 찬란하다. 또한 곳 바래보니 꽃
본 나뷔 날아든다. 약수삼천 요지연에 소식 전하튼 청조새
며 부용당 운무벽에 오채가 영롱하니 그림 중에 공작이며
귀촉도 불여귀 제혈삼경 두견새 칠월칠석 은하수 다리놓은
오작이며 황금갑 덜쳐 입고 세류영 넘어갈 제 환우하는 꾀
꼬리며 맹성우 근귀 중에 말 전하는 앵무새며 북강남 먼먼
길에 글전하든 기러기며 칠보를 단장하고 보기가 재빨게
하옵디다.

제양반 이놈 재빨개라니.

말둑이 엿다 이 양반아, 보기 다 재빨게 하단 말이오.

원양반 허면 그렇지. 내가 전에 대국사신으로 들어갈 제 홍당목 아흔아홉 자 샀더니 홍당목 저고리 홍당목 치마 홍당목 단속곳 모다 홍당목이라, 보기가 모도 재빨게 하단 말이여, 이놈 그래서.

말둑이 대부인 마누라가 말둑이를 보더니 거부렁 굽신합디다.

제양반 거부렁 굽신이라니.

말둑이 내가 이전 평양감영 갔을 때에 대부인 마누라가 금홍주를 어떻게 많이 먹었던지 너만 못한 개를 보아도 눈을 거부렁 굽신 한단 말이요.

제양반 이놈 그래서.

말둑이 대부인 마누라가 말둑이를 오르답디다.

제양반 이놈 오르다니.

원양반 이놈 말둑아, 오르다니.

말둑이 마루 우로 오르란 말이요.

원양반 하면 그렇지 그래서.

말둑이 마루에 떡 올라가니 좃자리를 두루시 폅디다.

제양반 이놈 좃자리라니.

원양반 이놈 말둑아 좃자리라니.

말둑이 엿다, 이 양반아. 초석을 두루시 폈단 말이요.

원양반 우리 집이 근본 인심집인 고로 너 같은 쌍놈 오면 덕석도 가이오. 멍석도 가이지마는 너만한 놈을 초석을 펴여주니 그리 알아. 그래서.

말둑이 두 손목 드우잡고 방 안을 석 들어가니 각장장판 소라반자 당음지 굽도리며 천능화 도벽 환능화띄띠고 왕희지 필법으로 전자팔분 새겨 내여 이벽저벽 붙였난데 호협도 소상팔경 이벽저벽 붙여 있고 한벽을 바래보니 부춘산 업자능은 간의대부 마다 하고 동강에 호올로 앉아 양의갓옷 떨쳐 입고 은린옥천 낚는 양을 역력히 그려 있고 또 한 벽을 바래보니 상산사호 네 노인은 바둑판 앞에 놓고 한 노인은 흑기들고 한노인 백기들고 세상을 불고하고 승부를 결단할 때 그 중에 한 노인은 훈수하다가 무류당코 돌아서며 그 중에 한 노인은 송엽주 반 잔술이 반성반취 누은 양을 역력히 그려 있고 또 한 벽을 바래보니 각설 현덕이 관공장비 거나리고 와룡 선생 찾이랴고 적여마 높이타고 지척지척 와룡장 건너 시문에 다다르니 동자 나와 여짜오되 선생 초당에 석침 높이 비고 춘수 깊어 기신앙을 역력히 그려 있고 또 한벽 바래보니 진처사 도연명은 오도록 마다하고 전원에 돌아와서 종국동리 하여 두고 무고 송이 반환할 제 요금서이 소우함을 역력히 그려 있고 삼층 이층 걸이 조개 함농 반닫이며 청동화로 유경촉대 타고 설합 재떨이며 동래부죽 은수복에 김해간죽 별간죽에 삼동초 섬적 넣어 두 손으로 받친 후에 이 벽장 미닫이 빼닫이 열어 놓고, 주반치장 볼작시면 낄낄 우는 꿩의 탕과 꾀꾀 우는 앵계(年鷄)탕과 펄떡뛰는 숭어탕과 울산 점복 대점복(鮑)과 동래점복 소점복과 맹상군 눈섭차로 어석어석 빚어놓고 주병치장 볼작시면 목짜르다 자래병과 목지다 (길다) 황새병과 둥굴둥굴 수박병과 앙그자침 가제병과 을근을근 유리병에 이태백이 포도주며 도연명 국화주며 산중처사 송엽주며 소주약주 탁주로다. 그중에 골라내여 한 잔 먹고 두 잔 먹고 삼석잔 거더먹고 취흥이 도도(陶陶)하야 보기좋은 화초병이 경개 좋은 산수병을 좌우로 둘러놓고 원앙침 도도 비고 비취금 무럽시고 대부인 마누라도 청춘이요 말둑이도 청춘이라. 청춘흥몽(靑春興夢)이 겨워 두 몸이 한 몸되야 완갓수작 놀았으니 그 농락 어떠하리.

제양반　망했네 망했네, 양반의 집도 망했네.(舞)
원양반　수―잇(毛雨班을 불러) 구름도리 안개무자논 일흔두 마지기(七十二斗落只) 모반에게 허급사(許給事)라.
모양반　흥했네 흥했네.(樂·舞)

2. 천재동 본(本)

동래 들놀음 연희본

구술 박덕업, 신우언, 노진규, 이남선, 문장환
채록 천재동
구성 첫놀이·길놀이의 장
　　　둘째놀이·군무의 장
　　　탈놀이　1. 문둥이 마당(科場)
　　　　　　 2. 양반 마당
　　　　　　 3. 영노 마당
　　　　　　 4. 할미 마당
　　　뒷놀이 여흥(行)놀이

길놀이의 장

해질 무렵 온 고을 사람이 운집한 가운데 길놀이부터 시작된다. 흰 바지 저고리에 흑 혹은 남색 쾌자를 걸쳐 입고 전립을 쓴 장정 두 사람이 맨 앞에 '대청사초롱'을 하나씩 들고 나서면, 그 뒤로 당년에 해당되는 12지 중의 하나(예 酉年이면 닭)를 큰 초롱으로 모양내어 만들어 따르게 하며 그 밖에 오색등을 5백여 개 동원하여 꽃밭을 이루게 된다.

길군악대(피리 2, 대금 1, 북 1, 장고 1, 해금 1)는 관복 차림에 사모관대를 했으며, 백색 평복에 갓을 쓴 남창수 2명과 기생 차림의 여창수 2명이 길군악대의 장단에 따라 섞바뀌어 가며 '길놀이노래'를 부르게 된다.

【길놀이 노래】

합　　창　에헤헤 에에헤헹 에에헤헹 에에헹헹 헤야아하아 에레이여루 산이로다.
앞소리　산아 산아 수려산아 눈비 맞구 백두산아.
뒷소리　에헤헤 에에헤헹 에에헤헹 에에헹 헤야아하아 에헤디여루 산이로다.
앞소리　산은 첩첩 청산이요 물은 출렁 녹수로다.
뒷소리　에헤헤 에에헤헹 에에헤헹 에에헤헹 헤야아하아 에헤이여루 산이로다.
앞소리　일락서산에 해 떨어지고 월출동령에 달 돋아온다.
뒷소리　에헤헤 에에헤헹 에에헤헹 에에헹헹 헤야아하아 에헤이여루 산이로다.

앞소리   장성일면 용용수요, 대야동두 점점산을
뒷소리   에에헤 에에헤헹 에에헤헹 에에헹헹 헤야아하아 에헤이여루 산이로다.
앞소리   팔도(八道)로 돌아 유산객이요, 여덟 도(道) 명산(名山)이 금강산(金剛山)을
뒷소리   에헤헤 에에헤헹 에에헤헹 에에헹헹 헤야아하아 에헤이여루 산이 로다.
앞소리   한량(閑良) 노릇을 마쳤더니 새 장구 장단에 발림춤만 난다.
뒷소리   에헤에 에에헤헹 에에헤헹 에에헹헹 헤야아하아 에헤이석루 산이로다.
앞소리   저 달아 보느냐 님 계신데, 명기(明氣)를 빌려라 날 좀 보게.
뒷소리   에헤헤 에에헤헹 에에헤헹 에에헹헹 헤야야아하아 에헤이여루 산이로다.
앞소리   말은 가자고 굽을 치고, 님은 잡고서 낙루(落淚)를 한다.
뒷소리   에헤헤 에에헤헹 에에헤헹 에에헹헹 헤야아하야 에헤리여루 산이로다.
앞소리   경상도라 태백산(太白山)은 낙동강(洛東江)이 둘러 있네.
뒷소리   에헤헤 에에헤헹 에에헤헹 에에헹헹 헤다아하아 에헤이여루 산이로다.
앞소리   전라도라 지리산(智異山)은 섬진강(蟾津江)이 둘러 있네.
뒷소리   에헤헤 에에헤헹 에에헤헹 에에헹헹 헤야아하야 에헤이여루 산이로다. 지야……(간혹 뒷소리 끝에 '지야 하고 큰 소리를

지르는데 '지화자 좋다'의 준말로 즉 '좋다!'와 같이 신명이 날 때 부르짖는 감탄사다)

1972년 7월 12일 신우언 제공

또한 한량(閑良)과 기생(妓生)들이 벌이는 가창무희(歌唱舞戱) 중에서, 「난봉가(難逢歌)」와 「양산도(陽山道)」가 있는데 역시 앞소리와 뒷소리로 나뉘어 불려지고 있다.

【난봉가(難逢歌)】

합　창　에 에헤헤 에헤헤야 에헤헤 야아하 어루후훔마 하아 두리둥 두리두홍 내 사랑아하 안 가노오라.
앞소리　슬슬 동풍(東風)에 구즌비 주루룩 오고요, 시화(時和)야 연풍(年風)에 님 생각이 나노라.
뒷소리　에 에헤헤 에헤헤야 에헤헤 야아하 어루후훔마 하아 두리둥 두리두홍 내 사랑아하 안 가노오라.
앞소리　난봉(難逢)이 났구나 아하 난봉이 났구나하.
뒷소리　에 에헤헤 에헤헤야 에헤헤 야아하 어루후훔마 하아 두리둥 두리두홍 내 사랑아하 안 가노오라.

【양산도(陽山道)】

앞소리　헤헤 헤이야아-
　　　　차문주가 하처재(借問酒家 何處在)요 요지 행화촌(遙指杏花村)이라 세월아 봄철아 오고 가지 마라 아까운 청춘이다 늙어 간다.
뒷소리 에에라 놓아라 아니 못 놓겠네, 능지를 하여도 나는 못 놓겠네.
앞소리 에에 에이야아-
월백설백 천지백(月白雪白 天地白)하고 산심수심 객수심(山深水深 客愁深)이로다. 일락서산(日落西山)에 해 떨어지고 월출동령(月出東嶺)에 달 돋아온다.
뒷소리 에에라 놓아라 아니 못 놓겠네, 능지를 하여도 나는 못놓겠네.
앞소리 에헤 헤이야아-
양덕맹산(陽德孟山) 흐르는 물은 부벽루(浮碧樓) 앞으로 곰돌아온다. 삼산(三山)은 반락 청천외(半落 靑天外)요 이수(二水)는 중분 능라도(中分 綾羅島)라.
뒷소리 에에라 놓아라 아니 못 놓겠네. 능지를 하여도 나는 못 놓겠네.
앞소리 에헤 헤이야아-
무심(無心)한 저 달이 구름 밖에 나드니 공연한 심사를 산란케 하나. 아서라 마러라 네가 그리 마러라, 사람의 괄세를 네가 그리 마러라.
뒷소리 에에라 놓아라 아니 못놓겠네, 능지를 하여도 나는 못놓겠네.

군무(群舞)의 장(場)

 탈놀음 장소에 길놀이 행렬이 도착하게 되어도 바로 탈놀음을 하는 것이 아니라 놀이판을 좌회전(左廻轉)으로 돌며 길놀이는 한동안 계속된다. 이때 한편에서 길놀이에 쓰인 대소등(大小燈)과 장비를 놀이판의 정해진 곳곳에 세우거나 달아매어 호화롭게 장식하는 것이다.
 놀이판 한가운데에 큰 목주(木柱)를 세우고 그 꼭대기에 용등(龍燈), 봉등(鳳燈), 그 해의 띠등을 달아올리고 또 사방팔방으로 줄을 늘여 수많은 오색초롱등(五色草籠燈)을 달아 불을 밝힌다.
 또 놀이판의 적소(適所)마다 횃불이나 모닥불을 피워 조명(照明)도 하고 구경꾼들의 한기도 막아주게 된다. 중심점(中心點) 목주(木柱) 밑에는 술과 음식물이 마련되어 누구나 마음 내키는 대로 마시고 먹을 수 있어 더욱 신명을 돋군다.
 놀이판은 구경꾼 누구나 부담없이 마음대로 들어가 놀게 되어 있는 것이 바로 '群舞의 場'인데 제각기 자기가 만든 탈을 쓰거나 얼굴에 환칠을 하거나 혹은 맨 얼굴로 들어와 특기를 자랑하는 것이다. '학춤' '곱추춤' '문둥이춤' '기는춤' '배(腹)춤' '궁둥이춤' '구불춤' '장기춤' '홍두깨춤' 등 가지각색의 춤재주로 남녀노소 구별없이 온 고을의 사람들이 춤마당을 벌인다. 이 '군무(群舞)의 장(場)'은 특별한 각본이 있어 노는 것이 아니라 새벽 1시경 '들놀음'의 '탈놀음'이 시작될 때까지 계속되는 것이다.
 밤 12시를 넘게 되면 자연히 부녀자는 대개 집으로 돌아가고 신명 있는 사람과 탈놀음을 보고자 하는 사람 만이 남게 된다. 서서히 탈놀음의 탈판을 만들기 위하여 놀이판의 한가운데에 멍석도 깔고 주위를 정비하게 된다.

탈놀음

춤추던 사람들이 물러나게 되면 잽이[樂士]들은 새로운 기분으로 '굿거리 장단'을 울리며 꽹과리, 징, 장고, 북, 날라리 등의 순으로 등장하게 된다. 그 뒤로 말뚝이, 원양반, 차양반, 모양반, 넷째양반, 종가 도령, 영감, 할미, 제대각시 등이 덧배기춤을 추며 탈판을 돌다가 장단이 자진가락으로 바뀌면서 전원 퇴장한다.

춤추던 사람들이 물러나게 되면 잽이들은 새로운 기분으로 굿거리 장단을 울리며 꽹과리, 징, 장고, 북, 날라리 등의 순으로 등장하게 된다. 그 뒤로 말뚝이, 원양반, 차양반, 모양반, 넷째양반, 종가집 도령, 영감, 할미, 제대각시 등이 덧배기춤을 추며 탈판을 돌다가 장단이 자진가락으로 바뀌면서 전원 퇴장한다.

1) 문둥이 마당

현재 동래(東萊) 현지에는 문둥이 마당을 본 사람도 연희할 줄 아는 탈꾼도 없어, 최상수 채록「동래야유가면극본」중요무형문화재 조사보고서에서 인용한다.

……평복(平服)을 입은 문둥이 둘이 흰 수건(手巾)을 머리에 동여매고 한 다리는 걷어올리고 왼손에는 소고(小鼓)를, 오른손에는 북채를 들고 두 팔로 얼굴을 가리고 굿거리 장단에 맞추어 등장한 뒤 가렸던 팔을 떼고 타

령, 세마치 장단에 발랄한 춤을 추는데 자빠지기도 하고 누워서 뒹굴기도 한다.

2) 양반 마당

등장인물 말뚝이, 원양반(元兩班), 차양반(次兩班), 모양반(毛兩班)
    (일명 셋째양반, 두룽다리, 개잘량 등), 종가집 도령
잽이(樂士) 꽹과리, 징, 장고, 북, 날라리 (잽이의 차림은 白色 바지 저고리 위에 두루마기를 입고 양자락 끝을 뒤로 젖혀매고, 머리에 고깔을 쓰고 버선과 짚신을 신었다.)

잽이들이 탈판을 한 바퀴 굿거리 가락으로 신명지게 돌고 탈판의 한 곳에 늘어서서 굿거리 느린 가락을 계속 치면, 차양반, 모양반, 넷째양반, 종가집 도령의 순서로 장단에 맞춰 덧배기춤을 추며 登場. 이들 네 양반은 각자 개성있는 독무(獨舞)와 업무(業舞)로써 어울린다.

바보스런 종가집 도령의 실수를 저지를 때마다 세 양반이 꾸중을 한다. 세 양반은 각기 개성있는 춤사위로 어울리는 가운데 모양반(毛兩班)의 춤사위가 특히 이채롭다. 예컨대 종가집 도령이 모양반(毛兩班)의 턱 밑 방울을 흔들며 개가 교미하는 시늉을 낸다든가 원양반(元兩班)의 의젓한 흉내를 내는 등 한참 네 양반이 소란을 피우고 있을 때, 사모관대(紗帽冠帶)에 관복(官服)으로 차려 입고 사선(紗扇)을 쥔 원양반(元兩班)이 어깨춤으로 우쭐거리며 등장. 한 사람씩 살펴본 뒤, 사촌(四寸)들이란 것을 확인하고 신명이 나서 어울려 춤춘다.

한참 춤이 계속되는 동안 때로는 원양반의 '좋다!' 하는 흥겨운 소리

에 다섯 양반은 호흡을 같이 하여 '배김사위'로 대무의 장관을 이루기도 한다.

이때 원양반이 앞으로 나서며,
원양반 쉬- (사선(紗扇)으로 일자(一字)를 크게 그리며 탈판을 한바퀴 돈다)
양반들 쉬- (원양반 뒤를 따라 맴을 돌기도 한다)
(잽이의 장단이 멈춘다)
(종가집 도령만 여전히 춤추고 있다)
(넷째양반이 담뱃대로 종가집 도령의 면상 친다)
종가집도령 쉬- (맞고서 어리둥절하다가 쉬-하며 한바퀴 돈다)
원양반 소년당상(少年堂上) 애기 도령(道令) 전후좌우 벌려 서서 말 잡아 장고메고 소 잡아 북 메고 안성맞춤 꽹쇄치고 운봉(雲峰)내기 징치고 술 빚고 떡 거르고 차일(遮日) 치고 덕석 깔고 홍문루(鴻門樓) 높은 잔치 항장사 칼춤 출제, 이 몸이 한가하야 초당(草堂)에 비껴앉아 고금사(古今事)를 생각하니 이 어떤 재미를 붙고 금각 대명[潭陽]을 갈 이 양반들이 밤이 맞도록 웅박캥캥하는 소리 양반이 잠을 이루지 못하야 이미 나온지라, 이 사람 사촌들!
(이상 재담 중 구절에 따라 강조 또는 신명을 돋구기 위하여 '핫' '그렇지' 등 맞장구를 쳐주기도 한다)
양반들 어, 그래서?
원양반 우리 좋은 목청으로 옛 부르던 말뚝이나 한번 불러보세.
(양반들 동의하여 자세를 갖춘다)

원양반   이놈 말뚝아! (귀를 기울인다)
차양반   이놈 말뚝아! (귀를 기울인다)
모양반   이놈 말뚝아! (귀를 기울인다)
넷째양반 이놈 말뚝아! (귀를 기울인다)
종가집 도령 이놈 말뚝아! (귀를 기울인다)

　　　　(다섯 양반들이 말뚝이가 나타나는가 귀를 기울이고 있을 때 장단이 서서히 시작되면 양반들은 어깨춤부터 너울거리다가 웅박캥캥과 더불어 어울려 덧배기 춤을 춘다)

원양반   쉬- (사선(紗扇)을 휘젓는다)

　　　　(장단과 춤 멈춘다)

　　　　이놈 말뚝이가 본래 거만한 고로 한번 불러 눈도 깜짝 안할 터이니 이 사람 사촌들 우리 좋은 목청으로 한 번 더 불러보세.

양반들   예, 그만합시다.

　　　　(양반들 어깨를 짠다)

　　　　이놈 말뚝아!

　　　　(원양반이 숨이 차서 뒤로 넘어지면 일으키려 할 때 종가집 도령이 먼저 원양반의 등 위에 걸터앉는다)

종가집도령 이 이놈 말 말뚝아! (元兩班의 흉내를 낸다. 다른 양반들 이 종가집 도령을 혼내려 할 때 웅박캥캥 장단이 울리면 모두 어울려 춤춘다)

　　　　(이때 채찍을 든 말뚝이가 채찍을 좌우로 흔들어 양팔 든 어름사위로 활발히 등장, 양반들과 어울려 일대 난무장을 벌인다. 이것은 말뚝이가 양반들의 부름에 슬그머니 나타나서 양반들을 채찍

으로 위협을 주는 것이고 위협을 받은 양반들은 양반의 위신상 겁을 집어 먹고 말뚝이의 출현을 외면하는 장면이다)

말뚝이 쉬- (채찍을 머리 위로 빙빙 돌린다)

(양반들 위협을 받고 물러선다)

말뚝이 엿다!

(잽이의 장단이 멈춘다)

말뚝이 이 제미를 붙고 금각 대명을 어둥어둥 갈 이 양반들아, 오늘 날이 따따무리하니 온갖 짐생 다 모였다. 손골목에 도야지 새끼 모은듯, 옹달샘에 실배암이 모은듯, 논두렁 밑에 돌나무생이 모은듯, 삼도(三道) 네거리 히둑새 모은듯, 떨어진 중의 가랭이 신대가리 나온 듯, 모도모도 모아 가지고 말뚝인지 개뚝인지 부르난 소리 귀에 쨍쨍….

원양반 이 사람 사촌(四寸).

양반들 예, 그래서.

원양반 이놈 말뚝이 소리가 저 은하수(銀河水) 다리 밑에 모구(모기) 뒷다리 만침 들리니 우리 좋은 목청으로 한 번 더 불러 보세. (양반들 어깨를 짠다) 이놈 말뚝아 ! (한꺼번에 넘어진다. 종가집 도령 재빨리 넘어진 모양반의 등에 올라탄다)

(웅박캥캥 장단이 울린다)

(전원 어깨춤에서 덧배기춤으로 들어가면서 모양반은 '기는 춤', 종가집 도령은 그의 등 위에서 춤춘다. 원양반이 사선(紗扇)으로 종가집 도령의 면상을 치면 요리조리 도망친다)

말뚝이 쉬-엿다 ! (채찍을 크게 휘저으면 양반들 놀라 물러선다)

(잽이와 장단이 멈춘다)

종가집도령   말뚝아! 말뚝아! (말뚝이에 접근하며 맴돈다)

말뚝이   이 제미를 붙고 금각 대명을 갈 이 양반들아, 이제야 다시 보니 동정(洞庭)은 광활(廣闊)하고 천봉만학(千峰萬壑)은 그림을 둘러 있고 수상부(水上浮)는 지당(池塘)에 범범(泛泛), 양류천만사(楊柳千萬絲)는 번류춘풍(繁留春風)을 자랑할 제 탐화봉접(探花蜂蝶)은 너울너울 춘흥(春興)을 못 이겨서 흐늘흐늘 넘노난다. 장부공성신퇴후(丈夫功成身退後)에 임천(林泉)에 초당(草堂) 짓고 만권시서(萬卷詩書) 쌓아 두고 천금준마(千金駿馬) 손질하여 보라매 질드리고 노속(奴屬) 불러 밭 갈어라. 절대가인 곁에 두고 금존(金樽)에 술을 부어 옥반(玉盤) 앉혀 두고 벽오등 거문고 줄 골라 걸어 두고 남품시를 화답할 제 강가연월(康街煙月) 누웠으니, 이 어떤 제미를 붙고 금각 대명을 갈 이 양반들이 말뚝인지 개뚝인지 제 외부 아비 부르듯이 임의로 불렀으니 (허리를 굽히며) 새로 문안 아뢰오.(절 하는 척하려 채찍으로 위협하면 양반들 뒷걸음친다)

원양반   (허세 부리며) 이놈 말뚝아, 이놈 말뚝아, 선타 북타 후타 대면타 이타 탓을 마라. 금쟁반선 수반은 호로히 뺑뺑이요 추풍강산 살얼음은 눈 위에 잠깐이요 대주먹 평토제는 경각에 하백이라. 너 같은 개똥쌍놈 ((사선(紗扇)으로 말뚝이 가슴을 찌를듯) 내 같은 쇠쇠양반이 너 한 놈 죽이면 죽는 줄 알며, 살면 사는 줄 알까분냥!

말뚝이   엿다! (채찍을 원양반의 면상에 쑥 내민다) 이 양반아, 아모리 양반이라고 쌍놈 죽이면 아모 일도 없단 말이오!

원양반 　네놈 죽이면 귀양 밖에 더 가겠느냐. (여전히 허세를 부린다)
말뚝이 　귀양을 가면 어디 어디를 간단 말이요.
원양반 　길주 명천 회령, 종성 진보 청송 이원 단천 꼬사리 망풍밖에 더 가겠느냐!
말뚝이 　길주 명천 길주 명천!
양반들 　길주 명천 호령청!
　　　　(웅박캥캥 장단이 울리며 모두 어울려 춤춘다)
말뚝이 　쉬 - 엿다!(장단과 춤 멈춘다) 엿다! 이 제미를 붙고! (종가집 도령 이때 놀래서 춤 멈춘다) 금각 대명을 갈 양반들아, 아모리 쌍놈이라고 이놈 저놈 할지라도 말뚝이 근본이나 천천히 들어보오.
양반들 　그래서!
말뚝이 　우리 육대 칠대 구대 십대조(祖)는 이미 다 멀거니와 우리 오대조 할아바시 시년(時年)이 이팔(二八)에 이음양순사시(理陰陽順四時) 하고 승정원(承政院)에 제조로 입제할 제 백으로 생원진사(生員進士)하고 참봉(參奉)으로 임역(監役)하야 좌찬성(左贊成) 참의참판(參議參判)지냈으니 그 근본(根本)이 어떠하며, 우리 사대조 할아바시 치국평천하지술(治國平天下之術)을 가져 삼강오륜 추어다리 대사헌(大司憲) 대사성(大司成) 홍문관(弘文館) 대제학(大提學)을 지냈으니 그 근본(根本)이 어떠하며, 우리 삼대조 할아바시 15세에 등과하야, 정언(正言)으로 대교하고 양사옥당에 규장각(奎章閣) 천 놓고 팔도감사(八道監使) 지낸 후에 육조(六曹)에 승천(昇薦)하여 초헌교 높이 타고 파초선 앞세우고 장안 종로로 안안이 다니시니 그 품이 어떠하며, 우리 할아바시 오십에 반무(班武)하야 흑색궁(黑色弓) 우색궁(牛色弓) 둘러메고 무학관(舞鶴館) 마당에 땅 재조하고 상시간에 큰 활 쏘아 우등으로 출신하야 선전관 처음하고 좌수영(左水營) 우수영(右水營) 남병사(南兵使) 북병사(北兵使) 오군문도대장(五軍門都大將)을 지냈으니 그 근본 어떠하며, 우리 아부지는 얼굴이 관옥이요, 말은 소진(蘇秦) 장의(張儀)요, 풍체(風體)는 두목지요, 문장(文章)은 이태백(李太白)이요, 글은 왕희지라 금지영웅(今之英雄)이라 옛글에 하였으되, 소지자(堯之子)도 불초(不肖)하고 순지자(舜之子)도 불초(不肖)로다. 내 하나 남은 것이 주색(酒色)에 호탕하야 거리 거리 다닐 망정 저 건너 길 평평하고 와가(瓦家) 청기와 집에 난간(欄干) 다리 놓고 통개 중문(中門)하고 홍문거족에 소승상(蘇丞相)의 자녀질(子女姪)이오! (재담이 끝나자마자 웅박캥캥 장단이 울리며 일제히 춤판이 벌어진다. 말뚝이가 춤추며 채찍으로 크게 원을 그리면 양반들은 겁에 질리고 종가집 도령은 철없이 모양반의 턱 밑에 달린 방울을 흔들며 개 부르는 시늉을 한다)

원양반 쉬- (장단과 춤 멈춘다) 이놈 소승상(蘇丞相)이라니…소 자(字)는?

말뚝이 기화요초(琪花瑤草) 초(草)도 밑에 삼강수치 친 점에 오백미 쌀미 밑에 낙양소 진이 남각 부각 전이라 하오.

원양반 이놈 그 자(字)는 반자(潘字)어든.

말뚝이 게는….

원양반 월중 덜중 단계목(丹桂木)이란 목자(木字) 밑에 만승천자 (萬乘天子)란 자자(子字)로다.

말뚝이 엿다! 이 양반아 그 자는 우리 나라 금상(今上) 님의 성자 로다. 게내 성자(姓字)를 찬찬히 들어보오. 바라목 댁이란 목(木)자 밑에 후루 개자식이란 자자(子字)루를 씨오.

원양반 (차양반에게) 게는….

차양반 좌삼삼 우삼삼 좌홍둑개 우홍둑개 등 터지고 배 터지고 출 내무처 불비화란 회자를 씨오.

원양반 이전에는 대들보 양자를 씨더니 많은 남이 정간목에 다 둘 어가고 맹자(孟子)가 견양혜왕(見梁惠王) 자자(子字)를 씨 오. (모양반에게) 게는….

모양반 게게게… (춤춘다)

원양반 (넷째 양반에게) 게는?

넷째양반 게게게 (춤춘다)

원양반 (종가집 도령에게) 게는?

종가집 도령 좌삼삼 우삼삼 좌홍둑개 우홍둑개!

양반들 좌홍둑개 우홍둑패,

(웅박캥캥 장단에 한동안 춤춘다)

원양반 쉬– (장단과 춤 멈추고) 이때가 어느 때고 때마침 삼춘(三春) 이라. 꽃은 피어 만발하고 잎은 피어 너울 짓고 노고지리 쉰 질 뛰고 각마 슬피 울고 초당(草堂)에 앉은 양반 (타령조로) 공연히 공동하야 마누라 불러 가장(家檣)을 단속하고 훈장 (訓長) 불러 자녀질(子女侄)을 단속하고 모모친구 통기하 야 일아주(一壺酒) 담화차로 농점을 나려가니 주인(主人)

은 누구던고. 난양공주(蘭陽公主) 영양공주(英陽公主) 진채봉(秦彩鳳) 계섬월(桂蟾月) 백릉파(白菱波) 심요연 홍매춘운(鴻買春雲) 모도모도 모아 가주 주인(主人)은 양반 보고 체면으로 인사하되, 나는 그 가운데 뜻이 달라 월태화용(月態花容) 고운 얼골 눈만 들어 잠간 보니 그 마음 어떨소냐.

양반들　꼬라지 꼬라지 얽어도 장에 가고, 굶어도 떡 해묵고, 성밑집에 오구하고 통시 개구리 보지 문다더니 꼬라지….

종가집 도령　꼬라지 꼬라지 얽어도….

　　　(웅박캥캥 장단에 한동안 춤이 벌어진다)

원양반　쉬- (장단과 춤 멈추고)

　　　이놈, 말뚝아! 말뚝아 과거(科擧) 날은 임박한데 너는 너대로, 나는 나대로 다녀야 옳단 말이냐!

말뚝이　엿다! (채찍을 원양반의 턱밑으로 들이민다) 이 양반아 생원님을 찾으랴고 아니 간 데 없사이다.

원양반　어디 어디 갔단 말이냐.

말뚝이　(채찍으로 팔방(八方)을 가리키며) 서울이라 치치달아 안 남산(南山) 밖 남산(南山) 먹자골 주자골 안동 밭골 장안골 등고개 만리재 일(一) 금정 이(二) 목골 삼청동(三淸洞) 사직(社稷)골 오부 육조(五府 六曹) 앞 칠궐(七關) 안 팔각정(八角亭) 구리개 십가로(十街路) 두러시 다 다녀도 생원님은 하마 내 아들놈도 없습디다.

양반들　이놈 내 아들이라니!

원양반　이놈 내 아돌이다니!

말뚝이 엿다!(채찍을 양반들에게 내밀며) 이 양반아, 내일까지 찾는단 말이요!

원양반 고 자식 생생 있다. 이놈 게(거기)만 갔단 말이냐.

말뚝이 엿다! 그렇지 게만 윤 게 아니라 행여 생원님이 도방에나 계시난지 도방을 썩 들어서서 일원산(一元山) 이강경(二江景) 삼포주(三浦主) 사마산(四馬山) 오삼랑(五三浪) 육물금(六勿禁) 칠남창(七南倉) 팔부산(八釜山) 두러시 다녀도 게도 아니 계시기로 행여 색주(色酒)가나 계시난지 색주가로 썩 들어서서 (타령조로) 차문주가(借問酒家) 하처재(何處在)요 목동(牧童)이 요지(遙指) 행화(杏花)집과 일락서산(日落西山) 황혼(黃昏)되고 월출동령(月出東嶺) 명월(明月)의 집과 오동부판(梧桐 付板) 거문고에 타고나니 지재차산(只在此山) 운심(雲深)이 사군불견(思君不見) 반월(半月)이 집을 두려시 다 다녀도 게도 아니 계시기로 행여 (재담조로) 본댁(本宅)에 나 계시난지 본댁으로 썩 들어가니 옛 보던 노새원이 계십디다.

양반들 (우루루 모여들며) 이놈 노새원이라니!

원양반 (양반들을 제쳐놓고) 이놈 노새원이라니!

말뚝이 이 양반아, 청노새란 말이요.

양반들 (만족하여 벌려 선다)

원양반 허면 그렇지 내가 이전 대국사신(大國使臣) 들어가서 당(當) 오전칠푼(五錢七分) 주고 청노새 한 마리 샀더니 안장을 열두나 차리고도 발이 땅에 조롤 꺼웃나니라.

종7집도령 청노새 청노새. (외치며 춤추고 나선다)

양반들　청노새 청노새. (웅박캥캥 장단에 한동안 춤춘다)
원양반　쉬- (장단과 춤 멈추며) 이놈 그래서 그만 찾고 말았단 말이냐.
말뚝이　집안을 색 들어가니 칠패팔패 장에 가고 종년 서답빨래 가고 도령님 학당가고 집안이 동공(洞空)한데 (타령조로)후원 별당 들어가니 만화방창(萬化方暢) 다 피었다. 기암괴석(奇巖怪石) 늙은 장송(長松) 쌍학(雙鶴)이 질더리고 도화(桃花) 담수 맑은 물에 금붕어 꼬리치고, 군왕부귀(君王富貴) 목단화(牧丹花)는 삼춘(三春)을 맡아 있고 만고충신(萬古忠臣) 향일화(向日花)는 정절(貞節)을 지켜 있고 한사방불(寒土彷彿) 동매화(冬梅花)는 정취를 품었으며 홍도벽도(紅桃碧桃) 삼색도(三色挑)는 풍류를 놀아나고 청춘 소년 석죽화(石竹花)는 호걸로 놀아나고 절대가인 해당화는 일색태도(一色態度) 자랑하고 왜철쭉 진달화(花)며 춘색(春色)도 찬란하다. 또 한 곳 바래보니 꽃 본 나비 날아든다. 약수삼천(弱手三千) 요지연에 소식전턴 청조새며 부용당 운로(雲露) 벽에 오채(五彩)가 영롱하니 그림 중에 공작이며 귀촉도 불여귀 제혈삼경(啼血三更) 두견새며, 칠월칠석 은하수 다리 놓은 오작(烏鵲)이며, 맹상군 글귀 중에 말 잘하는 앵무새며 북강남 먼먼 길에 글 전하는 기러기며 지지중류(泛泛中流) 저 오리는 쌍거쌍래(雙去雙來) 하는구나. (재담조로) 이때 대부인(大夫人) 마누라가 하란에 비껴 앉아 녹의홍삼에 칠보를 단장하고 보지가 재빨개 하옵더다. (춤추며) 재빨개 하옵디다.

(잽이들 신명지게 웅바캥캥 장단을 울리면, 양반들 어울려 춤추다가 잠시 무엇인가 생각한다)

원양반 쉬- (장단과 춤 멈추며) 이놈 재 빨개라니….

양반들 이놈 재 빨개라니….

말뚝이 엿다! 이 양반아 보기가 재 빨개하다 말이요!

원양반 허면 그렇지! 내가 전에 대국사신(大國使臣) 들어갈제 홍당목(紅唐木) 아흔아홉자 샀더니 홍당목 저고리 홍당목 치마 홍당목 단속곳 모다 홍당목이라 보기가 모두 재 빨개하다 말이여, 이놈 그래서?

말뚝이 대부인 마누라가 말뚝이를 보더니 거부렁 굽신 합디다. (덩실 덩실 춤추며) 거부렁 굽신 합디다.

종가집도령 거부렁 굽신, 거부렁 굽신.

(덩달아 춤춘다)

(잽이들 웅박캥캥 장단을 몹시 치면 兩班들 모두 어울려 춤추다가 무엇인가 생각하고)

넷째양반 쉬 - (장단과 춤 멈추며) 이놈 거부렁 굽신이라니….

원양반 이놈 거부렁 굽신이라니….

말뚝이 눈이 거부렁 굽신하단 말이요.

원양반 (자랑삼아) 내가 이전에 평양감영 갔을 때 대부인 마누라가 금홍주를 어떻게 많이 묵었던지 너만 못한 개를 보아도 눈이 구부렁 굽신한단 말이여, 이놈 그래서?

말뚝이 대부인 마누라가 말뚝이를 오르랍디다.

양반들 이놈 오르라니? (말뚝이에게 덤빈다. 원양반 이를 말려놓고)

원양반 이놈 말뚝아, 오르라니?

말뚝이 마리(마루) 우로 오르란 말이오.

원양반 마리에 떡 올라가니 좃자리를 두루시 폅디다. (덩실덩실 춤 추며)좃자리 좃자리.

양반들 좃자리 좃자리. (어깨춤을 추다가 무엇이 생각난듯 갑자기 춤을 멈춘다) (종가집 도령만이 춤을 계속하는데 넷째양반이 그의 면상을 치며)

넷째양반 이놈 좃자리라니. (덤벼든다)

원양반 (이를 말려 놓고) 이놈 말뚝아 ! 좃자리라니.

말뚝이 엇다 ! 이 양반아 초석(草席)을 두루시 폈단 말이요.

원양반 우리 집이 근본 인심집인 고로 너 같은 쌍놈 오면 덕석도 가이요, 멍석도 가이지만 너만한 놈을 초석을 피여 주니 그리 아라. 그래서?

말뚝이 두 손목 더우잡고 방안을 썩 들어가니 각장 장판 소라 반자 당음지 굽도리며 청능화 도벽회능화 띠 띠고 (차츰 타령조로 들어간다) 왕희지 필법으로 전자팔분(篆字八分) 새개내어 이 벽 저 벽 붙었난데 호협도 수상팔경(瀟湘八景) 이 벽 저 벽 붙어있고, 한 벽을 바래보니 부춘산엄자릉(嚴子陵)은 연의(諫義) 대부(大夫) 마다하고 동강에 홀로 앉아 양의 갓을 떨쳐쓰고 은린옥척(銀鱗玉尺) 낚는 양을 역역히 그려있고, 또 한 벽을 바래보니 상산사고(商山四皓) 네 노인, 한 노인은 흑기(黑碁) 들고 한 노인은 백기(白碁) 들고 세상을 불고(不顧)하고 승부를 결단할 때 그 중에 한 노인은 훈수 하다가 무류당코 돌아서며, 그중에 한 노인은 송엽주(松葉酒) 반잔 술에 반성반취(半醒半醉) 누운 양을 역역히 그려 있고, 또 한 벽을 바래보니 각설 현덕(玄德)이 관공 장비(關公 張飛)거나 리고 와룡선생(臥龍先生) 찾으려고 적토마 높이 타고 지적지적 와룡강 건너 자문(紫門)에 다다르니 동자(童子) 나와 엿자오되 선생 초당에 석침(石枕) 높이 비고 춘수(春睡) 깊이 계신 양을 역역히 그려 있고, 또 한 벽을 바래보니 진처사(晋處士) 도연명은 오도록 마다 하고 전원(田園)에 돌아와서 종국동리(種菊東籬) 하여 두고, 무고송이반환(撫孤松而盤桓)할 제 악금서(樂琴書) 이소하(以消夏)함을 역역히 그려 있고 삼층 이층거리 조개함농 반닫이며 청동화로 유정 촛대 타구 설합 재떨이며 별간죽에 삼동초 섭적 넣어 두 손으로 받친 후에 이 벽장 저 벽장 미다지 빼다지 열어놓고, 주반(酒盤) 치장 볼작시면 낄낄 우는 꿩의 탕(湯)과 꾀꾀 우는 앵계탕과 펄쩍 뛰는 숭어탕과 울산 전복 대전복 동래 전복 소전복과 맹상군 눈썹채로 어석어석 비져놓고 주병(酒瓶) 치장 볼작시면 목 짜르다 자라병과 목 지다(길다) 황새병과 둥글둥글 수박병파 앙그차림 가새병과 얼른얼른 유리병에 이태백 포도주며 도연명 국화주며 산중처사(山中處士) 송엽주(松葉酒)며 소주 약주로다. 그 중에 골라내어 한 잔 먹고 두 잔 먹고 삼 석잔 겊어먹고 취흥이 도도하야 보기좋은 화초병(花草屛)과 경개(景槪)좋은 산수병을 좌우로 둘러 놓고 원앙침 도도 비고 비취금(翡翠衾) 덮어쓰고 대부인 마누라도 청춘이요 말뚝이도 청춘이라 청춘흥몽(靑春興夢)이 겨워 두 몸이 한 몸 되야 웬갖수작 놀이시니 (재담조로) 그 농락 어떠하리.

양반들 망했네 망했네 양반집도 망했네.

(잽이들 웅박캥캥 장단을 울리면 어울려 춤춘다. 종가집 도령 더욱 신명이 나는듯 날뛴다)

원양반 쉬- (장단과 춤 검추며) 이 사람 사촌들!

양반들 예-.

원양반 모양반!

모양반 그래서. (나선다)

원양반 구름드리 안개 무자(霧字) 논 일흔두 마지기……

양반들 일흔두 마지기? (모여든다)

모양반 그래서?

원양반 구름드리 안개 무자(霧字) 논 일흔두 마지기 모양반에게 허급사라.

양반들 아이쿠 배야. (모양반을 제외한 사촌들 이마를 치기도 하고 배를 움켜 잡기도 한다)

(모양반은 원양반에게 도포자락을 내민다)

(원양반은 모양반의 도포자락에 주먹으로 도장 찍는 시늉을 한다)

모양반 흥했네 흥했네.

    양반들 모양반 집안도 흥했네.

(웅박캥캥 장단 울리면 일동의 춤이 한동안 계속된다)

3) 영노 마당

(문둥이 마당의 경우와 마찬가지로 현재 전승되지 않고 있어 최상수 채록·「동래야류가면극본」 중요 무형문화재 조사 보고서에서 인용하였다.)

머리에는 개털관을 쓰고, 흰 두루마기를 입고, 손에는 부채를 쥔 양반이 굿거리 장단에 맞추어 등장하여 무대를 나와 다닌다. 그러면 이어 머리에는 얼룩얼룩한 큰 보자기를 뒤집어 쓴 영노가 입에서 비-비- 소리를 내면서 역시 굿거리 장단에 맞추어 양반의 뒤를 따라다닌다.

비비양반 (이상하여 뒤돌아 영노를 보고) 니(네)가 무엇고(무엇이냐)?
영　노　날물에 날 잡아묵(먹)고, 돌물에 들 잡아 묵는 영노다. 양반 아흔 아홉 잡아묵고 네 하나 잡아묵으면 등천(登天)한다.
비비양반 (겁을 내는 표정으로 약간 뒤로 물러서며) 나는 양반이 아니다.
영　노　그러면 뭐고?
비비양반 내가 똥이다.
영　노　똥은 더 잘 묵는다!
비비양반 내가 개다.
영　노　개면 맛있고 더 좋다.
비비양반 내가 돼지다.
영　노　돼지는 한 입에 셋씩 묵는다.
비비양반 내가 소다.
영　노　소는 한 입에 둘씩 묵는다.
비비양반 내가 풀쌔기(쐐기)다.

영 노　풀쌔기도 잘 묵는다.

비비양반　내가 구리(구렁이)다.

영 노　구리도 잘 묵는다.

　　　　(하고는 양반의 두루막을 잡아당긴다)

　　　　(비비양반, 안 끌리려다가 부채를 땅에 털어뜨리면, 영노 부채를 발로 찬다)

　　　　(비비양반, 그 바람에 넘어져 힐끔힐끔 영노의 눈치를 보며 부채를 집으려 하자 영노가 눈치채고 비비양반의 손을 발로 찬다)

　　　　(손가락을 다친 비비양반이 주머니에서 침을 꺼내 손가락을 고친다 (형용으로))

　　　　(비비양반 이번에는 눈치보며 발로 부채를 끌어당기려 하자 영노가 발을 걸어 차 버린다)

　　　　(비비양반, 다시 침을 꺼내 발가락을 고친다(형용으로))

영 노　비-비- (소리를 내며 사방으로 돌아다닌다)

비비양반　(영노가 저 멀리 가 있는 틈을 타서 살그머니 기어가 부채를 집어 가지고는 좋아서 부채를 펴들고 활활 부치면서) 허허 이 사람들아 내가 오늘 외출을 했다가 저놈을 만나 죽을 욕을 당했다!

　　　　(잽이가 꽹과리로 웅박캥캥 장단을 친다)

일 동　(함께 어울리어 굿거리장단에 맞추어 한바탕 덧배기춤을 춘다)

4) 할미 마당

등장인물 영감, 할미, 제대각시, 의원, 봉사, 무당(수명) 상도(喪徒)꾼
　　　　(수명)
잽　이 양반 마당과 같음.

잽이들이 신명지게 탈판을 돌면서 한바탕 흥을 돋우다가 한 곳에 자리잡으며 새로운 기분으로 굿거리 장단을 울린다.
이때 누런 색동 저고리에 고동색 치마를 입고 '처네'를 쓴 할미라 지팡이를 짚고 쪽발과 짚신을 허리에 차고 장단에 맞추어 춤추며 등장, 탈판을 돌다가 힘이 빠져 엉덩이 춤을 추며 피로한 기색을 보인다.
할미의 거동은 추하고 우스꽝스런 것으로 가끔 옆구리를 긁적긁적 긁기도 하고 오줌을 누기도 하는데 이럴 때도 율동은 정지치 않고 항상 장단과 일치한 움직임을 보인다.
할미가 탈판을 돌며 사방을 기웃거리다가 한 곳에 이르러 이마에 손을 얹고 발버둥치며 먼 곳을 살핀다. (장단이 멈춘다)

할　미　영감아. (두리번거리며 살핀다. 다시 장단에 맞추어 한동안 춤추
　　　　다가 이마를 짚으며 발버둥친다)
　　　　(장단이 멈춘다)
　　　　영감아. (다시 춤추다가 잽이의 앞에 가서 지팡이를 휘젓는다)
　　　　(장단이 멈춘다) 여기 영감 한분 안 지나갑디까?
잽　이　모색이 어떻게 생겼노?
할　미　색골로 생겼지요, 키가 크고 얼굴은 갸름하며 코가 크지요.

잽 이 　그런 영감 조금 전에 이리로 지나가는 것 봤오.
할 미 　아이고 그러면 바삐 가 봐야겠다.
　　　　(웅박캥캥 장단이 울리면, 할미가 생기 있는 춤으로 놀이판을 돌다가 한 곳에 이르러 오줌을 눈다. 이때 허술한 평복에 백색 두루마기를 입고 갓을 쓰고 손에 부채를 든 영감이 춤추며 등장하여 할미와 같은 거동으로 놀이판을 돈다. 두 사람 한 놀이판에서 놀고 있지만 서로 멀리 떨어져 있는 시늉을 한다. 서로 찾고 있는 것이다.)
영 감 　할맘아. 할맘아.
　　　　(몇 차례 부르다가 부채로 잽이 쪽을 막으면 장단이 멈춘다)
영 감 　(구경꾼을 향하여) 여보소. 조금 전에 웬 할맘 하나 안 지나가던가.
잽 이 　모색이 어떻게 생겼노.
영 감 　얼골은 포르쭉쭉하고 입은 크지요.
잽 이 　그런 사람 조금 전에 이리로 지나갔오.
영 감 　(그쪽을 향하여) 할맘 할맘.
　　　　(웅박캥캥 장단이 울리면 영감은 부산하게 놀이판을 돌며 춤을 춘다. 두 사람은 서로 스치며 엇갈리는 중에 엉덩이를 뒤로 맞대고 비비기도 하고 다소 음란한 행동을 하다가 서로 얼굴을 맞대고서야 반가워서 부둥켜 안는다. 영감이 부채를 펴들면 장단이 멈춘다)
영 감 　할맘아.
할 미 　영감아.
　　　　(웅박캥캥 장단이 다시 울리며 할미와 영감의 대무(對舞)는 절정

을 이루는데 음란한 일면(一面)도 보인다. 할미가 지팡이들 들어 장단을 멈추게 하며)

할 미   내가 영감을 찾을랴고 계림팔도(鷄林八道)를 다 돌아댕겼고 면면촌촌(面面村村)이 방방곡곡이 얼개빗 틈틈이 찾다가 오늘 이 놀이판에서 만났구료.

영 감   할맘, 할맘. 내 말을 들어보게. 내가 할맘을 찾을랴고 인천 제물포까지 갔다가 거기서 작은 마누라 하나를 얻었네.

(할미는 영감의 말뜻을 알아듣지 못하는데 영감은 장고장단에 춤추며 제대각시를 데리러 간다. 할미도 덩달아 엉덩춤으로 따른다)

영 감   (멀리 대고) 제대각시! 제대각시!

(꽃고깔을 쓰고 노랑 저고리에 다홍치마, 목에 분홍 명주수건을 두른 제대각시가 춤추며 등장하면 장단이 커진다)

(영감과 제대각시가 어울려 정분 깊게 춤추며 논다)

(샘이 난 할미가 지팡이로 땅을 친다. 이윽고 땅에 퍼질러앉아 치마밑 주머니에서 조그마한 면경(거울)을 꺼내 화장하는 형용을 하다가 지팡이를 혼들어 장단을 멈추게 한다)

할 미   (구경꾼을 향해) 아이고 여보소 저 인물이 내보다 잘났나? 내가 더 잘났지!

(할미도 같이 어울려 3인이 가정불화의 양상을 노골적으로 춤으로 나타낸다. 제대각시에게 정분을 쏟는 영감에게 화가 난 할미는 결국 제대각시를 쫓아내려고 한다. 그러나 영감은 되려 제대각시만을 귀여워한다. 이에 화가 난 할미가 지팡이로 제대각시를 쫓아내면 그 뒤를 따르려는 영감을 할미가 가로막는다. 할미가 영감을 놀이판 한가운데로 끌어내면, 장단을 멈추고 잽이들도 잠시 퇴장

한다)

할 미   그런데 영감! 삼백주 통영갓은 어더다 두고 파의파관이 웬 말고?

영 감   그것도 내 복이로다.

할 미   명지 두루막은 어디다 두고 먹새 창옷이 웬 말고?

영 감   그것도 내 복이로다! 그런데 할맘 내 갈 적에 아들 삼형제를 두고 갔는데 큰 놈 내 솔방구는 어쨌노?

할 미   떨어져 죽었다.

영 감   뭐 떨어져 죽었다? 그래 둘쨋놈 내 돌멩이는 어쨋노?

할 미   던져서 죽었다.

영 감   뭐 던져서 죽었다? 그래 세쨋놈 내 딱개비는 어쨋노?

할 미   민태서 죽었다.

영 감   뭐 민태서 죽었다? 그래 자식 셋을 다 죽였다 말이지 휴─ (구경꾼을 향하여) 이 사람들아 다 들 보소. 이년이 아이 셋 있는것을 죽여 버리고 또 내 소실(小室) 하나 얻은 것까지 심술을 부리니 내가 어떻게 살겠나, 못 살지 못 살아. (할미에게) 에이, 이년! 죽어라 죽어. (발로 찬다)

할 미   (두손 모아 빌며) 영감아 내가 잘못했다. 그것 복이라고, 잘 봐주소.

영 감   아나 여기 네 복 가지고 가거라. (발로 몹시 찬다)

할 미   아이고 아이고. (넘어졌다 다시 일어나며) 영감아, 영감…(전신을 떨다가 넘어져 끝내 죽는다)

영 감   (넘어진 할미의 거동이 수상해서) 으응, 아이고 이 일을 어야노 할맘! 할맘! (맥을 짚고 가슴에 귀를 대어보고 주무르고, 부채질한다) 의원을 불러야지. (이리저리 뛰면서) 의원! 의원!
(白衣에 갓을 쓴 의원이 보자기를 들고 나와 할미 앞에서 앉아 맥을 짚어보고 쓰다듬어 본다. 침을 내어 침질을 하며)

의 원 안 죽으면 살 병이라, 에헴 없어지는 것이 상책이로다. (도망치다시피 퇴장)

영 감 인자는 봉사를 불러 경을 읽혀야겠다. 봉사님! 봉사님! (이리저리 뛴다)
(백의(白衣)에 갓 쓴 봉사가 북을 메고 영감의 안내를 받아 등장. 할미 앞에 앉는다)

봉 사 성씨가 무엇이오.

영 감 심달래 심씨오.

봉 사 (북을 두드리며 경을 외운다)
해동(海東) 조선국(朝鮮國) 경상남도(慶尙南道) 동래읍(東萊邑) 복천동(福泉洞) 심달래 신운이 불행하야 우연 졸도 명재경각하였으니 천지신명은 대자대비하옵소서…. (고개를 저으며) 죽고 난 뒤에 경 읽으니 소용 있나. (중얼대며 주섬주섬 챙겨 퇴장하며) 에헴 에헴 정구업진언 수리수리 마하수리 수수리 사바하….

영 감 정말 죽은 게로구나. 아이고, 아이고. 인자는 원한이나 없구로 무당이나 불러 굿이나 해야겠다.(퇴장한다)
(무당들이 격식 대로 등장하여 한바탕의 굿이 끝날 무렵 상복으로 갈아입은 영감을 따라 다섯 사람의 상도꾼이 등장한다. 상도꾼은 백색 바지 저고리에 백색 고깔 혹은 두건(頭巾)을 쓰고 행전을 쳤다. 일동(一同)은 할미를 옮겨 일단 퇴장했다가 상여를 메고 다시

　　　　　등장 놀이판을 돌며 상도놀이를 한다)
　　　　　(상도소리)
앞소리　이 세상 올 적에는 백년이나 살자더니 먹고 진건 못다 먹고,
　　　　어린 자손 사랑하며 천추만세 지낼려고 했더니 무정세월
　　　　여류하여 인생을 늙히는구나.
뒷소리　아아 어어 어어 아아.
앞소리　북망산천이 먼 줄 알았더니 방문 밖이 북망이로다
뒷소리　너화홍 너화홍 너화넘차 너화홍.
앞소리　황천수가 멀다더니 앞냇물이 황천술세 수아수야 이 억수야
　　　　너와 나화 너이롱.
뒷소리　너화홍 너화홍 너화넘차 너화홍.

　　　　　　　(1972년 8월 3일 신우언(辛祐彦) 옹 구술 제공)

　본 마당(科場)이 전부 끝나면 연희에 나왔던 사람 중에서 신명많은 사람들이 모여 뒷놀이 격(格)인 여홍에 들어가는 것인데 근래에 와서는 여러 가지 현지 여건으로 외면당하고 있는 것이다.
　그러나 이 마지막 놀이판 역시 많은 민중이 참여하여 명실공히 토착적 민속놀이로서의 기능을 보이는 대목이라 하겠다.
　이때는 벌써 새벽에 가까워서 얼마 남지 않은 해돋이를 앞두고 희희락락한 마지막 한 때를 즐기는 것이다.

여흥마당에서 불리우는 소리

【오독독이 타령 (楊柳歌)】

원을 그려 둥글게 자리잡아 앉고 한가운데 원양반이 선창으로 장단에 맞추어 춤추며 논다.

원양반 수양산 깊은 골로 가만히 슬슬 들어가서 버들나무 한 가지를 한 옹큼 주루루 훑어다가 깊고 깊고 깊은 물에 여게도 풍덩 저게도 풍덩 풍구덩 풍덩-.
차양반 풍덩 풍덩이라니.
일 동 옹달샘에 돌 던지는구나.
원양반 엿다 너 몰랐다! 양류청청도수인(楊柳靑靑渡水人)이로다.
양반들 용타 용타 용타 용타 예후 절사 더듬석 안고 아해 요것이 네로구나.
잽 이 (앉은 자세로 웅박캥캥 장단을 친다)
일 동 (한동안 난무로 흥겹게 놀다가 한 사람씩 개인기를 자랑하기도 한다)
잽 이 (잽이들도 개인기를 자랑한다)
원양반 쉬- (일동 원자세로 돌아간다) 저 놈의 양반 거동을 보아라. 갓은 벗어서 등짐 지고 옷은 벗어서 짝지에 매고 이리로 비틀 저리로 비틀.
차양반 비틀비틀이라니.
양반들 석양귀객(夕陽歸客)이 장불한(杖不閒)일세.

원양반	엇다, 몰랐다. 취주강산(醉酒江山)에 다호걸(多豪傑)이로구나.
양반들	용타 용타 용타 용타 예후 절사 더듬석 안고 아해 요것이 네로구나.
원양반	춘풍(春風)에 휘늘어진 버들가지는 이리저리 휘날려서 우줄 우줄 우줄.
차양반	우줄우줄이라니.
양반들	작작요요난만중에 범나비 쌍쌍 날아든다.
원양반	엇다 너 몰랐다. 양류세지사사록(楊柳細枝絲絲綠)하니 꾀꼬리 쌍쌍 춤을 추노라.
일 동	용타 용타 용타 용타 예후 절사 더듬석 안고 아해 요것이 네로구나.

【고사리 꺾자 타령】

손을 잡고 원을 지어 전원이 좌정(座定)하면 잽이는 원 밖에 자리잡고 앉는다. 앞소리의 원양반만이 서 있다.

원양반	수양산 고사리 꺾자.
	(원양반이 앞소리를 하고는 옆(두 번째) 사람의 왼팔을 넘어가면 두 번째 사람은 원양반의 뒤를 따라야 하기 때문에 일어서서 세 번째 사람의 왼팔을 넘으면서)
소 리	만수산을 넘어가자.
	(세 번째 사람도 그 뒤를 이어서 네 번째 사람의 왼팔을 넘으면

　　　　　서)
소　리　수양산 고사리 꺾자.
　　　　　(다섯번째 사람은 여섯 번째 사람의 왼팔을 넘으며)
소　리　만수산을 넘어가자.

　이런 순서로 전원이 그 구절 밖에 없는 노래를 부르며 움직여 나가다가 만약 한 사람이 타인의 노래를 부르거나 박자를 잃어 어름어름 하거나 잡은 손을 놓치거나 할 때는 벌을 받게 되는데 펌게(논에 물을 푸는 농구인데 손잡이가 네개로서 두 사람이 손잡이를 마주잡아 물을 퍼올린다.)라 하여 여러 사람이 모여들어 다리와 손을 잡고 좌우상하로 흔들며 물을 푸는 펌게처럼 '펌게춤'을 추게 하는 것이다.

요동춤 놀음

　전원이 원을 그려 하늘끝 보고 누워서 양팔을 뒤로 짚고 두 정갱이를 세우면 가슴과 배가 위로 향하게 되는데, 궁둥이를 땅에 대지 않고 장단에 맞춰 몸 전체의 (요동춤)을 추는 것이다. 원에서 벗어나거나 춤사위가 시원치 못하다고 인정되면 역시 펌게를 받는다. 이번에는 가슴과 배를 땅으로 향하고 등과 궁둥이를 위로 향해서 사지(四肢)만을 땅에 붙인 채 전신 요동춤을 춘다. 이러한 놀이들이 모두 끝난 다음 한 바탕의 큰 군무(群舞)로 그해 들놀음 중 탈놀음을 모두 마치는 것이다.

【동래야류 의상】

원양반의 의상.

차양반의 의상.

넷째양반의 의상.

모양반의 의상.

(왼쪽 위) 비비양반의 의상.
(왼쪽 아래) 종가집도령의 의상.
(위) 말뚝이 의상.

(위) 문둥이 의상.
(아래) 영감 의상.

(위) 할미 의상.
(아래)제대각시 의상.

(왼쪽 위) 영노 의상.
(왼쪽 아래) 의원 의상.
(위) 봉사 의상.

【옛날 탈(1930년대)】

【국립민속박물관 소장 탈】

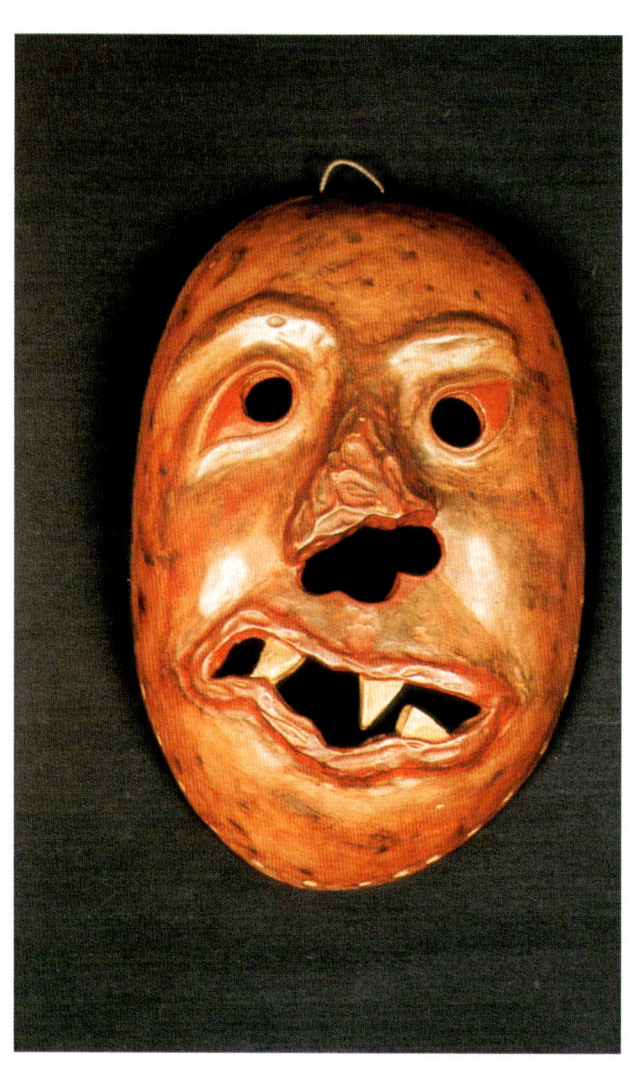

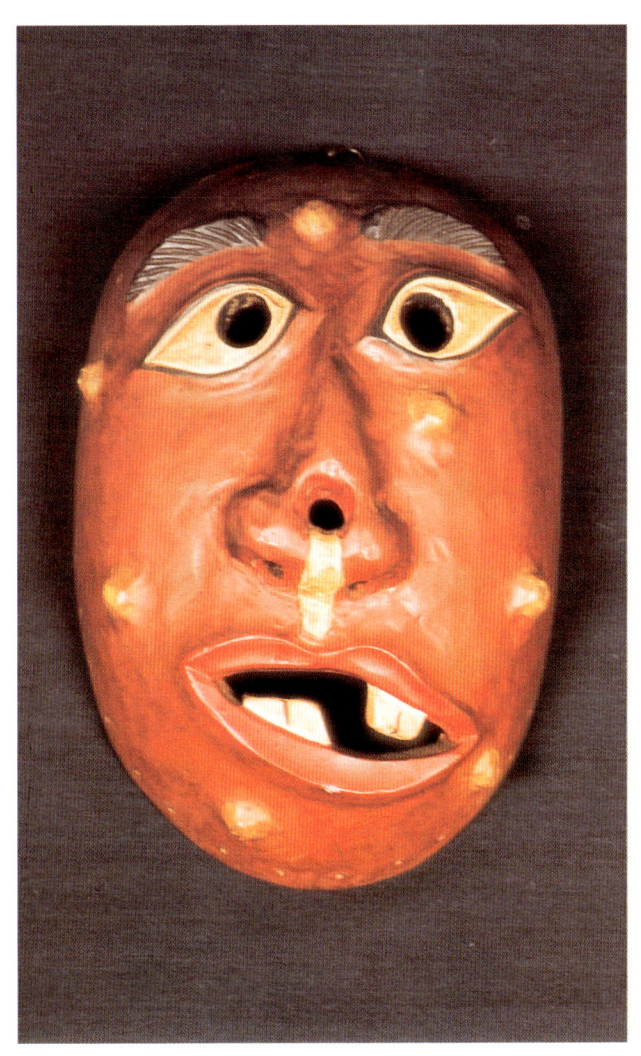

【참고 문헌】

강용권, 『야류・오광대』, 형설출판사, 1977.
강용권 외, 『동래들놀음』, 동래야류보존회, 1989.
김열규, 「가락국기고」, 『국어국문학』, 제 3호, 부산대 국어국문과, 1961.
김영일, 『오광대놀이의 이중구조』, 가야문화 제7집, 경남대 가야문화 연구소, 1989.
김재철, 『조선연극사』, 조선어문학회, 1933.
문화재관리국, 『한국민속종합보고서』(전라남도편), 문화재관리국, 1963.
박진태, 『탈놀이의 기원과 구조』, 새문사, 1990.
서대석, 「한국민속극의 형성과 전개」, 『어문연구』 제21집, 충남대 어문 연구회, 1991.
서대석, 「탈춤의 기원」, 『한국문화사의 쟁점』, 집문당, 1986.
서연호, 『야류・오광대탈놀이』, 열화당, 1989.
성병희, 「하회별신탈놀이」, 『한국민속학』 제 12집, 1980.
송석하, 「오광대소고」, 『조선민속』 제 1집, 조선민속학회, 1933.
송석하, 「처용무・나례・산대극의 관계를 논함」, 『진단학보』 제 2권 2호, 1935.
송석하, 『한국민속고』, 일신사, 1960.
심우성, 『남사당패연구』, 동화출판공사, 1974.
심우성, 『한국의 민속극』, 창작과 비평사, 1975.
오홍묵, 「고성총쇄록」, 『한국지방사료총서』 제 18권, 여강출판사,

1987.

이기백, 『한국사신론』, 일조각, 1968.

이두현, 「산대도감극 성립 과정에 대하여」, 『국어국문학』 제 18집, 국어국문학회, 1957.

이두현, 「한국연극기원에 관한 몇 가지 고찰」, 『예술원논문집』 제4집, 예술원, 1965.

이두현, 『한국가면극』, 문화재관리국, 1969.

이혜구, 『한국음악연구』, 국민음악연구사, 1957.

이훈상, 『조선 후기의 향리』, 일조각, 1990.

조동일, 『탈춤의 역사와 원리』, 홍성사, 1979.

조동일, 『한국문학통사』, 3권, 지식산업사, 1984.

정상박, 『오광대와 들놀음 연구』, 집문당, 1966.

정상박, 「오광대 형성에 관한 서설」, 『어문학』 제 33집, 한국어문학회, 1975.

정상박, 「들놀음과 관련 민속놀이 소고」, 『하서 금종우 박사 화갑기념 논총』, 제일문화사, 1977.

정상박, 「오광대와 들놀음의 형성 연구」, 『국어국문학』 제11집, 동아대학교 국어국문학과, 1992.

정형호, 「한국가면극의 유형과 전승 원리 연구」, 중앙대대학원 박사학위 논문, 1994.

최래옥, 『한국구비전설의 연구』, 일조각, 1981.

최남선, 『조선상식문답』, 동명사, 1947.

최상수, 「산대가면극연구」, 『학술지』 제5집, 건국대학교, 1964.

최상수, 「야류·오광대 가면극」, 『경상남도지』, 하권, 경상남도, 1963.

중요무형문화재 제18호

동래야류

초판 인쇄 · 2000년 12월 20일
초판 발행 · 2000년 12월 26일

기획 · 문화재청
글 · 김경남
사진 · 이봉선
발행인 · 허만일
발행처 · 화산문화
등록 · 1994년 12월 18일(제2-1880호)
주소 · 서울시 종로구 통인동 6 효자상가 A 201호
전화 · 02)736-7411~2 팩스 · 02)736-7413
E-mail · hatbitchum@yahoo.co.kr

ⓒ 문화재청, 2000

ISBN 89-86277-35-2 93380

· 잘못된 책은 바꾸어 드립니다.